Armin Täubner
Inge Walz

Bastelklassiker
zur Weihnachtszeit

Bastelklassiker zur Weihnachtszeit

Wer liebt es nicht, im Advent in der warmen Stube zu sitzen und in netter Gesellschaft den Nachmittag zu verbringen? Wie wäre es mit einem Basteltreffen mit der Familie, mit Freunden oder mit den Nachbarn? In diesem Buch finden Sie die richtigen Ideen für diese Treffen: Beliebte Bastelklassiker wie Strohsterne, Rauschgoldengel, Flechtherzen und Zapfen-Nikoläuse geben sich hier ein Stelldichein. Jeder kennt sie, aber wer erinnert sich noch daran, wie sie gemacht werden? Hier wird es erklärt!

Eingeteilt nach Materialien finden Sie Dekoratives für Adventszeit und Christfest. Die meisten Modelle sind kinderleicht und können schon von kleinen Händen bewerkstelligt werden. Andere Motive sind etwas anspruchsvoller und brauchen ein wenig Geschick und bisweilen auch schweres Gerät wie Laubsäge oder Cutter. So ist für jeden Geschmack, für Bastel-Anfänger und Kreativ-Profis gleichermaßen etwas dabei.

Und nicht nur den Bekanntheitsgrad, auch etwas anderes haben diese Motive gemeinsam: Für fast alle benötigen Sie nicht viel Material und das Ergebnis ist dennoch oder gerade deshalb bestechend. Machen Sie Ihre Wohnung weihnachtsfein – alle Jahre wieder!

Schwierigkeitsgrad

- einfaches Motiv
- etwas schwierigeres Motiv
- anspruchsvolles Motiv

Tipps

Sie finden in diesem Buch zahlreiche Tipps und Tricks, damit Ihnen das Basteln noch mehr Spaß macht. Orientieren Sie sich bitte an den folgenden Symbolen:

Variations-Tipp

Das Modell sieht auch in anderen Farben oder mit anderen Materialien toll aus? Bei den Variations-Tipps finden Sie Vorschläge, wie Sie das Modell abändern können.

Anwendungs-Tipp

Sie suchen ein Modell, das z. B. gut als Geschenk geeignet ist, oder Sie überlegen, wie und wofür Sie das Modell verwenden können? Dann helfen Ihnen die Anwendungs-Tipps weiter.

Bastel-Tipp

Oft sind es nur ein paar kleine Handgriffe, durch die das Basteln leichter gelingt. Diese Kniffe verraten wir Ihnen bei den Bastel-Tipps

Einkaufs-Tipp

Wo bekomme ich was? Die Einkaufs-Tipps verraten, wo Sie am besten bestimmte Materialien einkaufen, damit Sie nicht stundenlang in verschiedenen Geschäften danach suchen müssen.

GRUNDAUSSTATTUNG

Die folgenden Materialien und Hilfsmittel sollten Sie zur Hand haben. Sie werden häufig benötigt. Genaue Angaben zum Material finden Sie bei den einzelnen Motiven.

- Transparentpapier und dünner Karton (für Schablonen)
- Druckbleistift
- Schere
- Cutter mit Schneideunterlage
- Lineal, Geodreieck
- Alleskleber, Klebestift, z. B. UHU
- Heißklebepistole
- Pinsel in verschiedenen Stärken
- Buntstift in Rot
- feiner wasserfester Filzstift in Schwarz
- Lackmalstift in Weiß (Lichtpunkte in den Augen)
- Vorstechnadel

So wird's gemacht

Vorlagen übertragen

1 Vorlagen lassen sich am besten mithilfe von Kartonschablonen übertragen. Dazu das Motiv oder die Motivteile (ohne Überschneidungen) mit Bleistift auf Transparentpapier pausen. Mit dem Klebestift das Transparentpapier auf dünnen Karton kleben und die Umrisse exakt ausschneiden. Eventuelle Innenflächen mit dem Cutter auf der Schneideunterlage herausschneiden.

1

2 Die Schablone auf den gewünschten Untergrund legen und mit Bleistift – bei Filz am besten mit einem Filzstift – die Konturen umfahren.

2

3 Das Motiv mit der Schere oder mit dem Cutter auf der Schneideunterlage ausschneiden.

3

Strohsterne

Vorbereitung

Ungefärbte Strohhalme in warmes, gefärbte Strohhalme in kaltes Wasser legen, bis die Halme weich sind (ca. 30 Minuten). Danach das Stroh entweder im Ganzen vorsichtig flach bügeln oder jeden Halm mit dem Messer oder der Schere der Länge nach aufschlitzen und so flach bügeln. Mit der Schere die Halme in die angegebene Breite schneiden.

Bastel-Tipp

Da Stroh ziemlich empfindlich ist, achten Sie bitte darauf, die Spitze des Bügeleisens nicht nach unten zu drücken. Sonst entstehen Druckstellen oder Knicke und das Stroh kann brechen. Wenn Sie das Bügeleisen etwas länger auf den Halmen belassen, können Sie das Stroh auch bräunen. Doch Vorsicht: Das Bügeleisen dabei nicht aus den Augen lassen!

Einfacher ist es, das Stroh nicht einzuweichen oder zu bügeln und mithilfe eines Strohspalters in gleich breite Streifen zu teilen.

Sterne frei binden

Die Halme nach gleicher Breite und Länge sortieren und in Sternform anordnen. Dazu am besten auf eine Korkscheibe (von einem Flaschenkorken abgeschnitten) legen und in der Mitte mit einer Stecknadel fixieren.

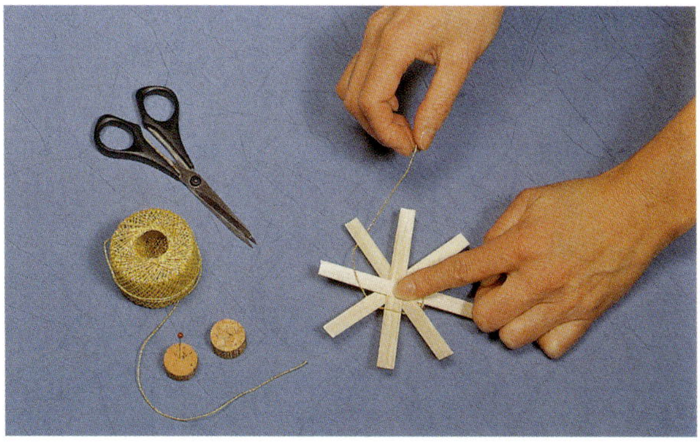

Den Faden unter den Zeigefinger legen und abwechselnd unter und über den einzelnen Halmen entlang führen. So wird ein Stern zusammengewebt. Auf dieselbe Art und Weise werden auch zwei separat gebundene Sterne miteinander verbunden.

Sterne mit der Legeform binden

Mithilfe der Legeform, in die oftmals ein Strohspalter integriert ist, können Sie Halme mit einer Breite von maximal 5 mm zu Sternen formen. Legeformen gibt es in unterschiedlichen Größen.

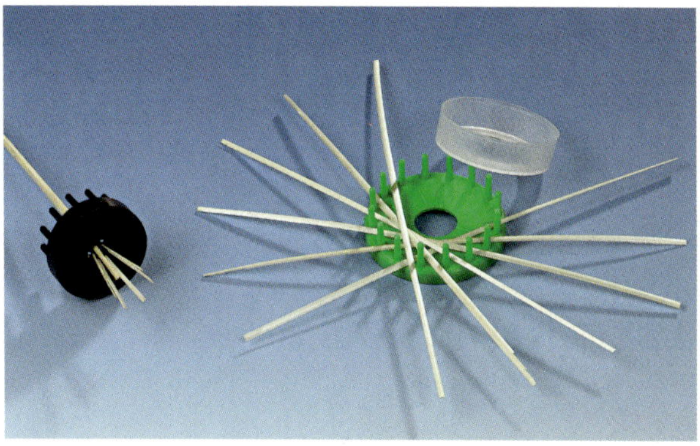

Die Halme können durch die Mitte (Zeichnung 1) oder rundum in die Lücken (Zeichnung 2) gelegt werden.

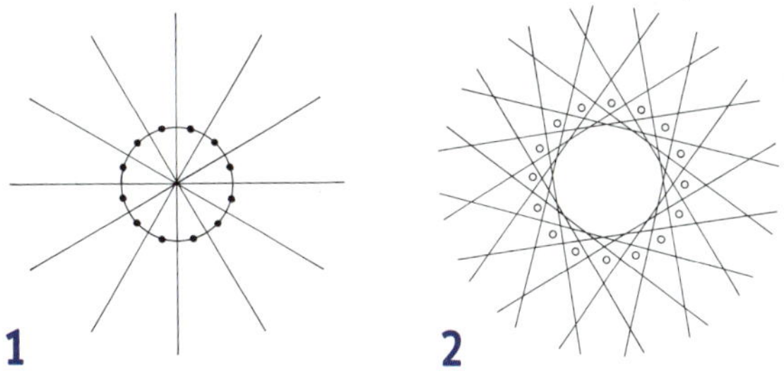

Beim Binden folgendermaßen vorgehen: Den Gummiring oder Einsatz aus der Legeform entfernen. Die Halme wie beschrieben in die Form legen, mit der Hand in die Form drücken und den Gummiring oder Einsatz auflegen, um die Halme zu fixieren. Anschließend wie beim freien Binden mit einem Faden zusammenweben oder mit Kraftkleber die Halme zusammenkleben.

GLANZVOLLE DEKORATIONEN

Was wäre Weihnachten ohne Glanz? Aus Alu-Bastelfolie können Sie schönen Raumschmuck zaubern, von Sternanhängern bis zum bezaubernd leuchtenden Rauschgoldengel.

Kleine Laternen

→ schnell gemacht

1 Ein beliebig großes Rechteck aus Alu-Bastelfolie, z. B. 16 cm x 8 cm, längs in der Mitte falten und wieder öffnen. Das Rechteck wenden, die beiden Seiten zur Mittellinie falten und wieder öffnen. Wieder zur ersten Faltung durch die Mitte zurückkehren und mit der Schere von der Mittelfaltung bis zur zweiten Faltung dichte regelmäßige Einschnitte machen.

2 Das Rechteck wieder öffnen und zu einer Röhre zusammenkleben. Wenn das obere Röhrenende gegen das untere gedrückt wird, spreizen sich die Einschnitte und es entsteht die typische Laternenform.

MOTIVHÖHE
ca. 8 cm bis 10 cm

MATERIAL
- einfarbige oder zweifarbige Alu-Bastelfolie
- UHU Alleskleber Kraft

Anwendungs-Tipps

Wenn Sie das Rechteck 22 cm x 12 cm groß machen, hat die Röhre genau den richtigen Durchmesser, um ein Teelicht zu fassen.

Tütchenkugeln

→ sehr effektvoll

MOTIVDURCHMESSER
ca. 5 cm

MATERIAL PRO KUGEL

- einfarbige oder zweifarbige Alu-Bastelfolie, A4
- Aufhängefaden
- UHU Alleskleber Kraft
- Zirkel

1 Mit dem Zirkel auf die Folie 15 Kreise mit dem Radius 2,5 cm zeichnen. Die Kreise ausschneiden.

2 Mit Druckbleistift und Lineal auf jeder Kreisscheibe eine Linie mitten durch den Kreis und durch den Mittelpunkt ziehen. Dann die Kreisscheiben in der Mitte durchschneiden. Jeden Halbkreis zu einem Tütchen zusammenkleben.

3 Die Tütchen aneinander kleben, bis eine Kugel entsteht. Bevor die letzten Tütchen eingeklebt werden, den Aufhängefaden mit einkleben.

Anwendungs-Tipp

Die Tütchenkugeln sind eine schöne Dekoration für den Weihnachtsbaum, für Adventszweige und -gestecke, machen sich aber auch gut, wenn Sie sie an ein Geschenkpäckchen hängen.

Güldene Igelsterne

→ zauberhaft stachlig

MOTIVDURCHMESSER
ca. 7,5 cm

MATERIAL PRO STERN

- einfarbige oder zweifarbige Alu-Bastelfolie, 2 x A4
- UHU Alleskleber Kraft
- angespitzter Bleistift oder Buntstift
- Aufhängefaden
- Zirkel

VORLAGE SEITE 82

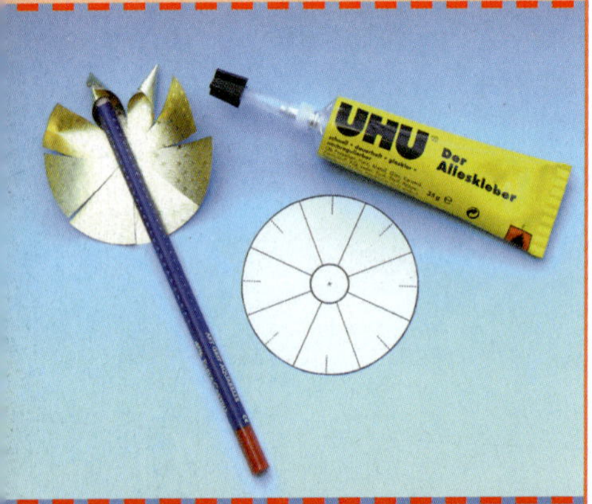

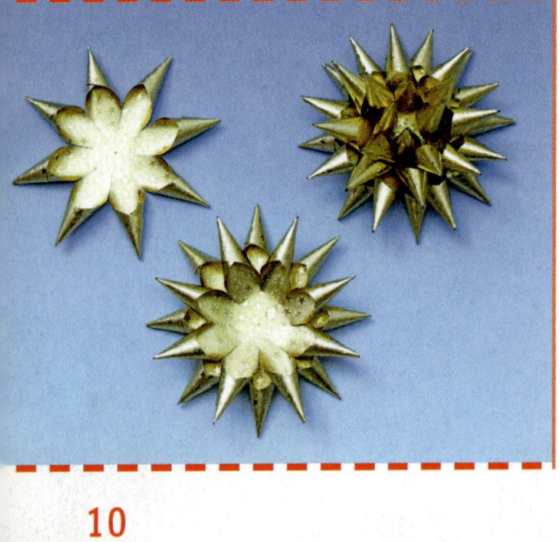

1 Von dem Kreis mit den acht Einschnitten eine Kartonschablone anfertigen. Nun mit dem Zirkel auf die Alu-Bastelfolie acht Kreise mit dem Radius 3,7 cm zeichnen und ausschneiden. Jetzt die Kartonschablone auflegen und vom Rand aus an den Einschnittstellen einschneiden. Bei diesem Vorgehen wird die Schablone allerdings schnell unbrauchbar. Besser ist es, die Kartonschablone einzuschneiden und jeden zweiten Randabschnitt, also vier Abschnitte insgesamt, nach oben zu klappen. Die Schablone auf den ausgeschnittenen Folienkreis legen und die Einschnitte mit einem Druckbleistift nachziehen, die Schablone abnehmen und dann erst den Folienkreis einschneiden.

2 Die Position der Sternspitzen ist durch gestrichelte Linien markiert. Zum Formen einer Spitze den Blei- oder Buntstift mitten auf den eingeschnittenen Folienkreis legen, so dass sich die Stiftspitze auf der gestrichelten Linie befindet. Jetzt stets zuerst den linken Rand des Abschnittes um die Stiftspitze legen, dann den rechten Rand. Die ausgeformte Spitze leicht öffnen, etwas Klebstoff auftragen und wieder schließen. Die anderen sieben Spitzen ebenso arbeiten. Die übrigen sieben Folienkreise ebenso mit Spitzen versehen.

3 Vier dieser Sternteile versetzt aufeinander kleben. Bei den beiden ersten Sternteilen ist das noch einfach, aber wenn das dritte oder gar vierte Sternteil aufgeklebt wird, wölben sich die Spitzen immer steiler nach oben. Hier zum Aufeinanderdrücken der Sternteile die Rückseite des Stiftes in die Sternmitte drücken und halten, bis der Klebstoff trocken ist. Dasselbe mit den restlichen vier Sternteilen machen. Diese beiden Vierergruppen zusammen mit einem Aufhängefaden Rücken an Rücken versetzt aufeinander kleben.

Variations-Tipp

Anstelle der zuvor beschriebenen Igelsternkugeln können natürlich auch Halbkugeln, z. B. für Tischdekorationen, angefertigt werden. Oder Sie kleben auf ein großes Sternteil ein oder zwei kleinere Sternteile.

Edle Anhänger

→ mit der Nähmaschine genäht

MOTIVHÖHE
ca. 8 cm

MATERIAL PRO ANHÄNGER
- matte Alu-Bastelfolie in Gold, A5
- Nähmaschine
- Nähgarn in Weiß

VORLAGE SEITE 82

1 Vom Motiv eine Kartonschablone anfertigen. Den Umriss pro Anhänger dreimal mit einem Druckbleistift auf die Bastelfolie übertragen. Die Linien werden dabei nur in die Folie eingedrückt. Die drei Motivteile ausschneiden.

2 An einem Motivteil die Mittellinie (gestrichelte Linie) mit dem Bleistift nachziehen. Die drei Motivteile deckungsgleich aufeinander legen. Dabei liegt das Motivteil mit der Mittellinie oben.

3 Nun die drei Motivteile mit der Nähmaschine entlang der Mittellinie zusammennähen. Darauf achten, dass die Fäden genügend lang sind. Die Fadenpaare jeweils direkt am Anhänger miteinander verknoten. Die Fadenenden an der späteren Unterseite kürzen, die beiden anderen Enden für den Aufhänger nach der gewünschten Länge erneut miteinander verknoten und abschneiden.

Variations-Tipp

Auch Kugeln aus drei Kreisen sehen so angefertigt sehr hübsch aus.

Genähte filigrane Anhänger

→ kosmisch schön

MOTIVHÖHE
ca. 7 cm

MATERIAL PRO ANHÄNGER
- Alu-Bastelfolie in Silber, A5
- Nähmaschine
- Nähgarn in Weiß

VORLAGE SEITE 82

Diese Anhänger wie die goldenen Anhänger auf Seite 12/13 arbeiten, jedoch die Innenflächen vor dem Zusammennähen mit dem Cutter auf der Schneideunterlage herausschneiden.

Variations-Tipp

Sehr dekorativ wirken diese Anhänger auch, wenn sie beispielsweise aus buntem, starkem Transparentpapier gearbeitet werden.

Bezaubernde Engel

→ aus einem Stück

MOTIVHÖHE
ca. 7 cm

MATERIAL FÜR 4 ENGEL
- matte Alu-Bastelfolie in Gold, A4
- Zirkel

VORLAGE SEITE 83

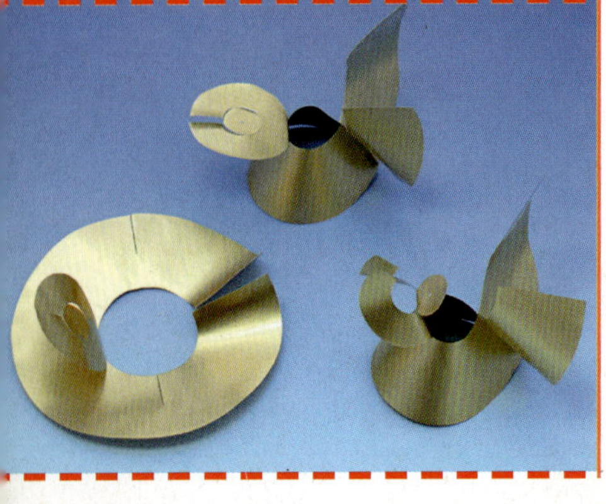

1 Mit dem Zirkel um denselben Mittelpunkt drei Kreise mit den Radien 0,7 cm, 2 cm und 5 cm auf der Bastelfolie schlagen. Die beiden kleinen Kreise sind nicht vollständig, d. h. sie enden an Hals und Schulter des Engels (siehe Vorlage).

2 Mit Bleistift und Lineal wie auf der Vorlage gezeigt eine Linie vom Rand des äußeren Kreises Richtung Mittelpunkt ziehen. Diese Linie endet am kleinen Kreis (Kopf). Rechtwinklig zu dieser Linie seitlich noch zwei Einsteckschlitze zeichnen.

3 Mit der Schere die gezeichneten Linien nachschneiden. Kopf und Arme (d. h. die beiden kleinen Kreise) an der gepunkteten Linie nach oben klappen. Der lange Einschnitt gegenüber hat die Flügel getrennt.

4 Die beiden Flügel bis an die beiden seitlichen Einschnitte übereinander schieben und dann zusammenstecken. Jetzt den Kopf nach oben klappen und die Arme in Position bringen.

Anwendungs-Tipp

Die Engel sehen auch als Anhänger am Weihnachtsbaum sehr hübsch aus.

Engel- und Sterngirlanden

→ Dekoration am laufenden Band

MOTIVHÖHE
Engel ca. 5,5 cm, Stern ca. 4 cm

MATERIAL PRO GIRLANDE

- Alu-Sternchenfolie in Gold, Silber oder Rot, 30 cm x 6 cm (Engel) oder 32 cm x 5 cm (Stern)
- Geodreieck
- Klammerhefter

VORLAGE SEITE 83

1 Vom Engel bzw. Stern eine Kartonschablone anfertigen.

2 Für den Engel einen 6 cm breiten und 30 cm langen Folienstreifen abschneiden. Mit Geodreieck und Druckbleistift den Folienstreifen im Abstand von 5 cm mit senkrechten Linien versehen. Den Folienstreifen entlang dieser Linien im Zickzack auffalten. Für die Sterngirlande einen Folienstreifen, 32 cm x 5 cm, jeweils nach 4 cm auffalten.

3 Die Engelschablone so auflegen, dass sich die Engelhände an den Faltlinien befinden, beim Stern liegen die abgestumpften Zacken an den Faltlinien. Den Umriss mit Bleistift nachziehen. Mit dem Klammerhefter an zwei Stellen, die später abgeschnitten werden, Heftklammern anbringen. Dadurch verrutscht das Motiv beim Ausschneiden nicht.

4 Das Motiv mit der Schere oder besser mit dem Cutter auf einer Schneideunterlage ausschneiden. Die Girlande entfalten.

Rauschgoldengel

→ dürfen nicht fehlen

MOTIVHÖHE
ca. 17 cm

MATERIAL PRO ENGEL
- Alu-Bastelfolie in Gold mit und ohne Sternchenprägung, je A4
- je 1 Rohholzperle, ø 1,5 cm und 2,5 cm
- 2 Rohholzperlen, ø 1,2 cm
- Rundholzstäbchen, ø 4 mm, 8 cm lang
- Aludraht in Gold, ø 2 mm, 20 cm lang
- Silberdraht, ø 0,4 mm, 20 cm lang
- starkes Nähgarn in Gelb
- Engelslocken in Weiß
- Acrylfarbe in Hautfarbe
- Buntstift in Rot (Wangen)
- UHU Alleskleber Kraft
- Nähnadel
- Seitenschneider

VORLAGE SEITE 84

1

2

3

4

5

1 Für das Kleid ein Rechteck aus Sternchenfolie, 32 cm x 12 cm, im Abstand von 1 cm mit Geodreieck und Druckbleistift 31 Mal anritzen und so die Faltlinien eindrücken. Die Folie im Zickzack auffalten und am oberen Ende etwa 1 cm vom oberen Rand entfernt mit Nadel und Faden durchstechen. Dies gelingt nicht auf einmal, da die gefaltete Folie zu dick ist; deshalb immer nur vier Folienlagen auf einmal durchstechen. Die Holzperle, ø 1,5 cm, auf ein Ende des Holzstäbchens kleben. Dazu evtl. das Bohrloch mit dem Schraubenzieher o. Ä. etwas erweitern. Den Aludraht mittig einmal um das Holzstäbchen schlingen und als Hände auf die Enden die kleinen Holzperlen zunächst nur aufstecken. Sie werden erst angeklebt, wenn die Ärmel befestigt sind. Die überstehenden Drahtenden mit dem Seitenschneider kürzen.

2 Das Holzstäbchen so auf das gefaltete Kleid legen, dass sich die Holzperle unterhalb des Fadens befindet. Damit sich die Fadenenden gut zusammenziehen lassen, jeweils das Fadenende durch das Loch auf der gegenüberliegenden Seite ziehen. Einen Folienrandstreifen mit Klebstoff bestreichen, dann das gefaltete Kleid zu einer Röhre kleben. Anschließend die Fadenenden anziehen und verknoten.

3 Die Ärmel längs in der Mitte falten, über die Drahtarme legen und an der Unterseite zusammenkleben.

4 Den zweiteiligen Kragen aufstecken und an Brust und Rücken ankleben. Jetzt die hautfarben bemalten Holzperlenhände aufkleben.

5 Ein Büschel Engelslocken in der Mitte mit dem Silberdraht umschlingen und die Drahtenden miteinander verdrehen. Die Drahtenden auf 2 cm kürzen. Den Holzkopf hautfarben bemalen und das Gesicht ergänzen. Den Kopf auf das Holzstäbchen stecken und festkleben und den Draht des Haarbüschels einstecken. Zum Schluss die Flügel ankleben. Nach Belieben können Sie dem Engel auch ein Liedblatt, 6 cm x 3 cm, mittig gefaltet, in die nach vorne gebogenen Arme kleben.

WEIHNACHTLICHES AUS PAPIER

Kaum ein Material ist so vielfältig wie Papier. Egal ob Fensterbild aus Fotokarton oder Tischlaterne aus Transparentpapier – hier ist alles aus Papier gemacht.

Krippenszene unter Palmen

→ filigranes Fensterbild

MOTIVHÖHE
ca. 31 cm

MATERIAL
- Fotokarton in Schwarz, 70 cm x 50 cm
- Klammerhefter

VORLAGE SEITE 85

1 Das Motiv auf die angegebene Größe hochkopieren und die Kopien zu einer Kopie zusammenkleben.

2 Diese Kopie auf den Fotokarton legen und mit dem Klammerhefter auf den Karton heften. Die Klammern unbedingt an Flächen anbringen, die später herausgeschnitten werden.

3 Den Fotokarton mit der Vorlage auf die Schneideunterlage legen und mit dem Cutter zuerst die kleinsten Innenflächen herausschneiden. Es folgen die größeren Innenflächen. Erst zum Schluss die äußere Kontur mit der Schere nachschneiden.

4 Das Fensterbild evtl. mit einfarbigem oder Regenbogen-Transparentpapier hinterkleben. Ist nur Transparentpapier in A4 zur Hand, können die Bögen so angebracht werden, dass sich die Stoßkanten hinter den Palmen befinden.

Variations-Tipp

Sie können das Motiv auch auf 6 mm starkes Sperrholz übertragen und dann mit der Dekupiersäge aussägen. Dabei so verfahren wie bei der Krippenszene aus Sperrholz auf Seite 45 beschrieben.

Sternkörbchen

→ für Süßigkeiten & Co.

MOTIVDURCHMESSER
ca. 17 cm

MATERIAL PRO KÖRBCHEN
- Fotokarton in Rot, A4
- Konturenfarbe in Gold

VORLAGE SEITE 84

1 Von der Sternform eine Kartonschablone anfertigen. Die Kontur mit Bleistift auf den Fotokarton übertragen und ausschneiden.

2 Mit Cutter und Stahllineal die gestrichelten Linien anritzen, dann die Sternform wenden und die Zacken und die Klebeflächen an den geritzten Linien umklappen und wieder öffnen. Nun die Strichpunktlinien mit Cutter und Stahllineal anritzen, die Sternform wenden und die Zacken an den eben angeritzten Linien umklappen.

3 Falls gewünscht, die Zacken jetzt wie abgebildet mit der Konturenfarbe in Gold konturieren und/oder mit Streifen, Punkten oder Sternen bemalen.

4 Die dreieckigen gepunkteten Klebeflächen mit Klebstoff bestreichen und das Körbchen zusammenkleben.

Variations-Tipp

Zum Verzieren eignen sich neben der Konturenfarbe auch Gold- oder Silberstifte, Lackmalstifte, Glitterkonturenstifte oder auch Filzstifte. Oder Sie kleben einige Metallsternchen auf.

MOTIVHÖHE

Tannen ca. 11 cm, Weihnachtsmänner ca. 11 cm und 15 cm

MATERIAL PRO FALTBAND

- Tonpapier in Rot oder Grün, je 50 cm x 70 cm
- Tonpapier in Weiß, A4 (nur Weihnachtsmänner)
- Konturenfarbe in Schwarz und Rot (nur Weihnachtsmänner)
- Geodreieck
- Cutter oder leer geschriebener Kugelschreiber
- Klammerhefter

VORLAGE SEITE 94

1

2

3

4

Lustige Faltbänder

→ tolle Tisch- oder Fensterbankdeko

Tannen

1 Vom Tannenbaum eine Kartonschablone anfertigen.

2 Einen grünen Tonpapierstreifen, 50 cm x 12 cm, zuschneiden. Damit der Streifen im Zickzack aufgefaltet werden kann, ihn im Abstand von 6 cm mit dem Cutter senkrecht einritzen oder mit dem leer geschriebenen Kugelschreiber senkrechte Linien eindrücken und daran entlang falten. Darauf die Tannenschablone legen und den Umriss mit Bleistift nachziehen.

3 Damit die Faltungen beim Ausschneiden nicht verrutschen, mit dem Klammerhefter zwei Klammern außerhalb der Tanne anbringen.

4 Das Motiv mit der Schere oder besser mit dem Cutter auf einer Schneideunterlage ausschneiden. Achtung: Je länger das Faltband ist, desto schwerer lässt es sich ausschneiden. Das Motiv entfalten.

Weihnachtsmänner

1 Die Weihnachtsmann-Faltbänder ebenso arbeiten. Die Tonpapierstreifen sind ebenfalls 50 cm lang und 12 cm bzw. 16 cm breit.

2 Das Kopf-Bartteil in der benötigten Anzahl ausschneiden. Den Bart rundum jeweils 5 mm bis 8 mm tief einschneiden. Dann mit der Konturenfarbe zuerst die Nase und dann die Augen auftupfen. Die Kopf-Bartteile aufkleben.

Trauliche Krippenszene

→ transparentes Fensterbild

MOTIVHÖHE

Josef ca. 37 cm, Maria ca. 28 cm, Kind ca. 12 cm

MATERIAL

- Fotokarton in Schwarz, 2 x A3
- Regenbogen-Strohseide (Blau-Grün-Verlauf), 50 cm x 70 cm
- Regenbogen-Strohseide (Rot-Gelb-Verlauf), 50 cm x 70 cm
- Strohseide in Grau und Schwarz, je A4
- Klammerhefter

VORLAGE SEITE 86+87

1

2

1 Die Motive mit dem Kopierer auf die angegebene Größe vergrößern. Josef ist größer als A4, d. h. es müssen zwei Kopien zusammengeklebt werden. Die Kopien mit dem Klammerhefter auf schwarzen Fotokarton heften. Darauf achten, dass sich die Klammern an Stellen befinden, die später heraus- oder weggeschnitten werden. Das Ganze auf eine Schneideunterlage legen und die Innenflächen mit dem Cutter herausschneiden. Zum Schluss den Umriss mit der Schere nachschneiden.

2 Zum Aufkleben der Strohseide das ausgeschnittene schwarze Motiv wenden und am besten auf eine weiße Unterlage legen, damit man die Konturen auch sieht, wenn dunklere Strohseide aufgelegt wird. Die Strohseide auflegen und zuzüglich zum Umriss der zu beklebenden Fläche noch einen Kleberand von ca. 5 mm aufzeichnen. Die Fläche ausschneiden, den Kartonrand mit Klebstoff bestreichen und dann die ausgeschnittene Strohseide auflegen. Alle Flächen wie abgebildet auf diese Art hinterkleben.

Anwendungs-Tipp

Die Krippen-Szene leuchtet noch mehr, wenn Sie ein Lichtquelle vor sie ans Fenster stellen.

Fensterecke mit Stechpalmenzweig

→ weihnachtliche Aussichten

MOTIVHÖHE
ca. 16 cm

MATERIAL
- Fotokarton in Rot und Dunkelgrün, je A4
- Klammerhefter
- Kreisschablone

VORLAGE SEITE 88

1 Von der Rahmenecke und vom Zweig eine Fotokopie anfertigen. Die beiden Motive grob ausschneiden und mit dem Klammerhefter auf den roten bzw. dunkelgrünen Fotokarton heften. Dabei darauf achten, dass sich die Klammern stets an Stellen befinden, die später weggeschnitten werden.

2 Das Ganze auf eine Schneideunterlage legen und die Innenflächen mit dem Cutter herausschneiden. Die Blattadern zunächst mit dem Cutter nur nachziehen. Zum Schluss die äußere Kontur mit der Schere nachschneiden. Nun mit dem Cutter die Blattadern verbreitern.

3 Vom Stern eine Schablone anfertigen und den Umriss in der gewünschten Anzahl auf roten Karton übertragen und ausschneiden. Die roten Beeren mit der Kreisschablone, Durchmesser 8 mm, aufzeichnen und ausschneiden.

4 Die Motivteile wie abgebildet anordnen und zusammenkleben.

Anwendungs-Tipp

Es sieht besonders toll aus, wenn Sie in jede Ecke Ihres Fensters ein solches Motiv kleben.

Fenstrecke mit Kerze

→ für den unteren Fensterrand

MOTIVHÖHE
ca. 21 cm

MATERIAL
- Fotokarton in Rot und Dunkelgrün, je A4
- Klammerhefter
- Kreisschablone

VORLAGE SEITE 89

1 Von der Rahmenecke und vom Zweig eine Fotokopie anfertigen. Die beiden Motive grob ausschneiden und mit dem Klammerhefter auf den roten bzw. dunkelgrünen Fotokarton heften. Dabei darauf achten, dass sich die Klammern stets an Stellen befinden, die später weggeschnitten werden.

2 Das Ganze auf eine Schneideunterlage legen und die Innenflächen mit dem Cutter herausschneiden. Die Blattadern zunächst mit dem Cutter nur nachziehen. Zum Schluss die äußere Kontur mit der Schere nachschneiden. Nun mit dem Cutter die Blattadern verbreitern.

3 Die roten Beeren mit der Kreisschablone, Durchmesser 8 mm, aufzeichnen und ausschneiden.

4 Die Motivteile wie abgebildet anordnen und zusammenkleben.

Anwendungs-Tipp

Arbeiten Sie zwei Fensterecken und befestigen Sie sie in den beiden unteren Fensterecken. Schön sieht es auch aus, diese Fensterecke mit der von Seite 31 zu kombinieren.

Karten mit Sternen und Tannen

→ Spiel mit Positiv und Negativ

MOTIVGRÖSSE
Karten geöffnet A5, geschlossen A6,
Anhänger geöffnet 9 cm x 5,5 cm, geschlossen 5,5 cm x 5,5 cm

MATERIAL PRO KARTE BZW. ANHÄNGER

- Fotokarton in Weiß und Rot oder Dunkelgrün, je A5 (Karte) oder je 9 cm x 5,5 cm (Anhänger)
- Deko-Kordel in Rot oder Dunkelgrün, ø 2 mm, 30 cm lang (nur Anhänger)
- Lochzange (nur Anhänger)

VORLAGE SEITE 90

Karten

1 Den weißen Fotokarton, A5, mit dem Cutter in der Mitte anritzen und zu einer Doppelkarte, A6, falten.

2 Das halbe Stern- bzw. Tannenmotiv als Schablone anfertigen. Wenn man ganz exakt arbeitet, gelingt es, das halbe Motiv mit Bleistift auf den roten oder grünen Fotokarton zu übertragen, ganz akkurat mit dem Cutter auszuschneiden und dann den äußeren Teil der Motivhälfte auf die Doppelkarte zu kleben. Der innere Motivteil wird gewendet und daneben geklebt. Meistens ist es jedoch so, dass beim Ausschneiden entweder in den äußeren oder inneren Motivteil geschnitten wird. In diesem Fall muss dieses Motivteil noch einmal aufgezeichnet und ausgeschnitten werden.

3 Die Sterne beim Tannenmotiv jeweils dreimal in Weiß und Grün ausschneiden und wie abgebildet aufkleben.

Anhänger

1 Das weiße Kartonrechteck, 9 cm x 5,5 cm, mit dem Cutter in der Mitte anritzen und zu einer Doppelkarte, 5,5 cm x 5,5 cm, falten.

2 Darauf ein rotes oder grünes Kartonquadrat, 4,5 cm x 4,5 cm, kleben und darauf eine weiße Tanne bzw. einen Stern anbringen.

3 Den Anhänger mit der Lochzange lochen und die Kordel durchziehen. Die Kordelenden miteinander verknoten.

Tischlaterne und Karten

→ in der Prickeltechnik

MOTIVHÖHE
Laternen ca. 15 cm, Karten ca. 6 cm und 12 cm

MATERIAL

- Fotokarton in Weiß, 30 cm x 15 cm (Laterne), 12 cm x 6 cm (Karte mit Stern) oder 24 cm x 12 cm (Karte mit Engel)
- Prickelnadel
- Moosgummiplatte, mindestens A5
- evtl. Malglitter in Gold

VORLAGE SEITE 91

1 Für die Karten die zurechtgeschnittenen Kartonrechtecke jeweils mit Cutter und Lineal in der Mitte anritzen und zu einer quadratischen Doppelkarte falten.

2 Die Moosgummiplatte auf einer Holzplatte, Schneideunterlage oder einem ähnlich unempfindlichen Untergrund platzieren. Auf die Moosgummiplatte den zurechtgeschnittenen weißen Fotokarton für die Laterne oder die geöffneten Karten und darauf das fotokopierte oder abgepauste Motiv legen. Nun einfach mit der Prickelnadel entlang der Motivlinien durch die Vorlage in den Fotokarton einstechen. Die Löcher sollten in regelmäßigen Abständen eingestochen werden und sind durch die untergelegte Moosgummiplatte gleich groß. Bei den Sternen stets zuerst die Eckpunkte, danach die Linien einstechen.

3 Abschließend manche Stellen mit etwas Malglitter, der mit dem Pinsel aufgetragen wird, betonen. Den Malglitter sparsam auftragen, da sich sonst der Karton wellt.

Bastel-Tipp

Achten Sie auf gleichmäßige Abstände zwischen den Löchern. Sind die Einstichstellen zu dicht, wird das Nachbarloch ansonsten teilweise wieder verschlossen.

FROHES
FEST

Fünfeck-Laternen

→ zum Staunen schön

MOTIVHÖHE
ca. 9 cm

MATERIAL
- Transparentpapier in beliebiger Farbe, A3
- Teelicht

VORLAGE SEITE 83

1 Die Tischlaterne besteht aus elf gleichen Fünfecken. Die Schablone kann beliebig vergrößert werden. Dadurch wird die Laterne größer und dann ist es einfacher, von oben ein Teelichtglas hineinzustellen.

2 Einen Transparentpapierstreifen, z. B. 10 cm x 35 cm, in drei gleich große Teile falten, die Schablone auflegen und den Umriss nachschneiden. Es entstehen drei Fünfecke. Den Vorgang noch dreimal wiederholen, bis Sie elf Fünfecke haben.

3 Ein Transparentpapierfünfeck auf die Fünfeckschablone legen und die Ecken des Transparentpapiers an den gestrichelten Linien der Schablone nach innen falten. Es entsteht ein etwas kleineres Fünfeck mit einem Stern in der Mitte. Zehn weitere Fünfecke falten. Die umgeklappten Eckflächen sind Klebeflächen.

4 Ein Fünfeck als Bodenplatte nehmen und daran ringsum mit Alleskleber fünf Fünfecke ankleben, also zunächst wirklich nur an der Bodenplatte fixieren. Dazu die Klebeecken aufklappen, alle Klebeecken der Bodenplatte auf der Rückseite mit Klebstoff bestreichen. Je eine aufgeklappte Klebeecke eines Fünfecks auf der Vorderseite mit Klebstoff bestreichen und die Teile so aneinander befestigen, dass die Faltlinien übereinander liegen. So deckt also jede Klebeecke der Bodenplatte je ein Stück der seitlich angeklebten Fünfecke ab und umgekehrt. Jetzt die fünf angeklebten Fünfecke ebenso miteinander verkleben. Auf die entstandene Schale die restlichen fünf Fünfecke kleben.

Alle Jahre wieder

Der Lauf der Jahreszeiten bindet uns ein in unsere Welt. Die zyklische Wiederkehr von Frühling, Sommer, Herbst und Winter mit all ihren Eigenheiten und Festen gibt dem Menschen Halt und Sicherheit. Wie gerne hört man an Weihnachten Jahr für Jahr dieselben Lieder, Gedichte und Geschichten. Einen kleinen Ausschnitt haben wir hier für Sie versammelt.

Macht hoch die Tür

1. Macht hoch die Tür, die Tor' macht weit,
Es kommt der Herr der Herrlichkeit,
Ein König aller Königreich',
Ein Heiland aller Welt zugleich,
Der Heil und Leben mit sich bringt;
Derhalben jauchzt, mit Freuden singt:
Gelobet sei mein Gott,
Mein Schöpfer, reich von Rat!

2. Er ist gerecht, ein Helfer wert,
Sanftmütigkeit ist sein Gefährt,
Sein Königskron' ist Heiligkeit,
Sein Zepter ist Barmherzigkeit.
All unsre Not zum End' er bringt.
Derhalben jauchzt, mit Freuden singt:
Gelobet sei mein Gott,
Mein Heiland, groß von Tat!

3. O wohl dem Land, o wohl der Stadt,
So diesen König bei sich hat!
Wohl allen Herzen insgemein,
Da dieser König ziehet ein!
Er ist die rechte Freudensonn',
Bringt mit sich lauter Freud' und Wonn'.
Gelobet sei mein Gott,
Mein Tröster, früh und spat!

4. Macht hoch die Tür, die Tor' macht weit,
Eu'r Herz zum Tempel zubereit't,
Die Zweiglein der Gottseligkeit
Steckt auf mit Andacht, Lust und Freud'!
So kommt der König auch zu euch,
Ja Heil und Leben mit zugleich.
Gelobet sei mein Gott,
Voll Rat, voll Tat, voll Gnad'!

5. Komm, o mein Heiland Jesu Christ,
Mein's Herzens Tür dir offen ist!
Ach zeuch mit deiner Gnade ein,
Dein Freundlichkeit auch uns erschein.
Dein Heil'ger Geist uns führ' und leit'
Den Weg zur ew'gen Seligkeit!
Dem Namen dein, o Herr,
Sei ewig Preis und Ehr'!

Georg Weissel, 1590-1635

Knecht Ruprecht

Von drauß, vom Walde komm ich her.
Ich muß euch sagen, es weihnachtet sehr!
Allüberall auf den Tannenspitzen
Sah ich goldene Lichtlein blitzen.
Und droben aus des Himmels Tor
Sah mit großen Augen das Christkind hervor.

Und wie ich so strolcht durch den
finsteren Tann,
Da rief's mich mit heller Stimme an:
Knecht Ruprecht, rief es, alter Gesell,
Hebe die Beine und spute dich schnell!
Ich sprach: O lieber Herre Christ,
Meine Reise fast zu Ende ist.
Ich soll nur noch in diese Stadt,
Wo's lauter gute Kinder hat.

Hast denn das Säcklein auch bei dir?
Ich sprach: Das Säcklein, das ist hier,
Denn Äpfel, Nuß und Mandelkern,
Die essen alle Kinder gern.
Hast denn die Rute auch bei dir?

Ich sprach: Die Rute ist auch hier.
Doch für die Menschen nur, die schlechten,
Die trifft sie auf den Teil, den rechten.

Christkindlein sprach: So ist es recht.
So geh mit Gott, mein treuer Knecht!

Von drauß, vom Walde komm ich her.
Ich muß euch sagen, es weihnachtet sehr!
Nun sprecht, wie ich's hier drinnen find:
Sind's gute Kind, sind's böse Kind?

Theodor Storm, 1817-1888

Die Weihnachtsgeschichte aus der Bibel

Es begab sich aber zu der Zeit, dass ein Gebot von dem Kaiser Augustus ausging, dass alle Welt geschätzt würde. Und diese Schätzung war die allererste und geschah zur Zeit, da Quirinius Statthalter in Syrien war. Und jedermann ging, dass er sich schätzen ließe, ein jeder in seine Stadt. Da machte sich auf auch Josef aus Galiläa, aus der Stadt Nazareth, in das jüdische Land zur Stadt Davids, die da heißt Bethlehem, weil er aus dem Hause und Geschlechte Davids war, damit er sich schätzen ließe mit Maria, seinem vertrauten Weibe; die war schwanger. Und als sie dort waren, kam die Zeit, dass sie gebären sollte. Und sie gebar ihren ersten Sohn und wickelte ihn in Windeln und legte ihn in eine Krippe; denn sie hatten sonst keinen Raum in der Herberge. Und es waren Hirten in derselben Gegend auf dem Felde bei den Hürden, die hüteten des Nachts ihre Herde. Und der Engel des Herrn trat zu ihnen, und die Klarheit des Herrn leuchtete um sie; und sie fürchteten sich sehr. Und der Engel sprach zu ihnen: Fürchtet euch nicht! Siehe, ich verkündige euch große Freude, die allem Volk widerfahren wird; denn euch ist heute der Heiland geboren, welcher ist Christus, der Herr, in der Stadt Davids. Und das habt zum Zeichen: Ihr werdet finden das Kind in Windeln gewickelt und in einer Krippe liegen. Und alsbald war da bei dem Engel die Menge der himmlischen Heerscharen, die lobten Gott und sprachen: Ehre sei Gott in der Höhe und Friede auf Erden bei den Menschen seines Wohlgefallens.

Lukasevangelium 2, 1-14

IDEEN AUS NATURMATERIALIEN

Gehen Sie im Spätherbst raus und schauen Sie sich um, welche Schätze die Natur bereit hält. Aus Zapfen, Nüssen und Tannengrün lässt sich so manche hübsche Idee zaubern.

Zapfen-Nikolaus

→ alle Jahre wieder

1 Die Holzperle hautfarben bemalen und am besten mit der Klebepistole auf dem Kiefernzapfen fixieren.

2 Als Nase eine halbierte rote Holzperle mit Alleskleber anbringen. Dazu muss die Holzperle in der Mitte gespalten werden: Die Holzperle so auf eine Schneideunterlage legen, dass sich die Bohrung oben befindet. Nun die Messer- oder Cutterklinge mitten auf die Bohrung setzen und mit einem leichten Hammerschlag die Perle spalten.

3 Die Märchenwolle zurechtzupfen und als Bart und Haare ankleben.

4 Für die Filzmütze eine Kartonschablone anfertigen. Den Umriss mit Filzstift auf den Filz übertragen, ausschneiden und den Viertelkreis zu einer kegelförmigen Mütze zusammenkleben. Die Mütze auf den Nikolauskopf kleben.

5 Zum Schluss die Augen mit Konturenfarbe auftupfen.

Anwendungs-Tipp

Um den Nikolaus aufhängen zu können, ziehen Sie einfach mit einer Nähnadel einen Faden durch seine Mütze.

MOTIVHÖHE
je nach Zapfen ca. 12 cm bis 14 cm

MATERIAL PRO NIKOLAUS

- Kiefernzapfen
- Rohholzperle, ø 2,5 cm
- Holzperle in Rot, ø 8 mm
- Bastelfilzrest in Rot
- Märchenwolle in Natur
- Konturenfarbe in Schwarz (Augen)
- Acrylfarbe in Hautfarbe
- evtl. Heißkleber
- Messer oder Cutter
- Schneideunterlage
- Hammer

VORLAGE SEITE 83

Zu Bethlehem

→ Fenster- oder Wandbild

MOTIVHÖHE
ca. 30 cm

MATERIAL

- Pappelsperrholz, 4 mm oder 6 mm stark, 35 cm x 35 cm
- Laubsäge oder Dekupiersäge
- Bohrer, ø 2 mm
- Holzfeile
- kleiner Feilensatz
- Schleifpapier, 220er oder 240er Körnung
- evtl. Pflanzenöl und Küchentücher

VORLAGE SEITE 92

1 Wenn das Motiv mit der Laubsäge ausgesägt werden soll, unbedingt das dünne Sperrholz verwenden. Umgekehrt eignet sich für die Dekupiersäge das dickere Sperrholz besser.

2 Vom Motiv eine Kartonschablone anfertigen. Für die Innenschnitte einen Cutter verwenden. Die Konturen der Schablone mit Bleistift auf das Sperrholz übertragen. Sämtliche Innenflächen, die herausgesägt werden sollen, jeweils einmal durchbohren. Das Bohrloch sollte mehrere Millimeter von der Bleistift- bzw. Sägelinie entfernt sein, da die Bohrlöcher auf der Rückseite leicht ausfransen.

3 Zuerst den Umriss des Motivs aussägen. Um die Innenflächen auszusägen, zuerst das Sägeblättchen auf einer Seite von der Säge lösen, durch das Bohrloch stecken und dann wieder an der Säge fixieren. Die Fläche heraussägen, wieder das Sägeblättchen lösen, ins nächste Bohrloch stecken, erneut fixieren etc.

4 Die Sägeränder evtl. noch mit der Feile korrigieren und dann mit Schleifpapier glätten. Dazu ein Stück Schleifpapier abschneiden und mehrfach um eine kleine Feile wickeln. So kommt man auch in kleine Winkel.

5 Wer mag, ölt das Motiv nach der Fertigstellung ein. Das ergibt einen schönen Glanz. Zum Einölen eignet sich jedes Pflanzenöl aus der Küche. Etwas Pflanzenöl auf ein Küchentuch träufeln und die Motivteile damit einreiben. Um in filigrane Stellen zu kommen, ist ein Borstenpinsel geeignet. Das überschüssige Öl mit einem zweiten Küchentuch abtupfen. Das Öl mehrere Tage einziehen lassen. Das Motiv ist jetzt nicht mehr fettig, hat aber einen warmen gelbbraunen Farbton und duftet nach dem Öl.

Variations-Tipp

Das Motiv kann auch als filigranes Fensterbild aus schwarzem Karton ausgeschnitten und evtl. mit weißem, gelbem oder regenbogenfarbenem Transparentpapier hinterklebt werden.

Schneekristall-Anhänger

→ Filigranes aus Sperrholz

MOTIVDURCHMESSER
ca. 11,5 cm, 16 cm und 16,5 cm

MATERIAL PRO ANHÄNGER
- Pappelsperrholz, 3 mm oder 4 mm stark, 13 cm x 13 cm oder 18 cm x 18 cm
- Laubsäge oder Dekupiersäge
- Bohrer, ø 2 mm
- Holzfeile
- kleiner Feilensatz
- Schleifpapier, 220er oder 240er Körnung

VORLAGE SEITE 93

1 Vom Motiv eine Kartonschablone anfertigen. Für die Innenschnitte einen Cutter verwenden. Die Konturen der Schablone mit Bleistift auf das Sperrholz übertragen. Die Innenflächen, die herausgesägt werden sollen, jeweils einmal durchbohren. Das Bohrloch sollte mehrere Millimeter von der Bleistift- bzw. Sägelinie entfernt sein, da die Bohrlöcher auf der Rückseite leicht ausfransen.

2 Um die Innenflächen auszusägen, zuerst das Sägeblättchen auf einer Seite von der Säge lösen, durch das Bohrloch stecken und dann wieder an der Säge fixieren. Die Fläche heraussägen, wieder das Sägeblättchen lösen und erneut fixieren. Den Umriss nachsägen. Ein kleines Loch für den Aufhängefaden bohren.

3 Die Sägeränder evtl. noch mit der Feile korrigieren und dann mit Schleifpapier glätten. Dazu ein Stück Schleifpapier abschneiden und mehrfach um die kleine Feile wickeln. So kommt man auch in kleine Winkel.

Bastel-Tipp

Wie bei der Krippenszene auf Seite 45 beschrieben können Sie auch die Schneekristall-Anhänger mit Pflanzenöl einreiben.

Wiegenkinder

→ in der Nussschale

MOTIVHÖHE
je nach Nussschale ca. 3 cm bis 4 cm

MATERIAL PRO WIEGENKIND
- Walnussschalenhälfte
- Rohholzperle, ø 1,2 cm
- Chenilledraht in Weiß, 15 cm lang
- Bastelfilzrest in Rot oder Weiß
- Baumwollfaden in Rot oder Weiß, ø 1 mm, 40 cm lang
- Malglitter in Gold
- Buntstift in Rot
- kleiner Schraubenzieher

1 Für die Wiege die Nussschale spalten, indem am stumpfen Ende der Nuss ein kleiner Schraubenzieher in die Naht eingedrückt und dann gedreht wird. Den Kern entfernen. Die Enden des Baumwollfadens miteinander verknoten und als Aufhängung innen in den Schalenboden kleben.

2 Als Kopfkissen ein Filzrechteck, 4 cm x 3 cm, in der Mitte zu einem Rechteck, 2 cm x 3 cm, falten und innen an der stumpfen Schalenseite ankleben (der Kissenfalz befindet sich oben). Die Decke aus Filz der Nussschalenform anpassen, d. h., die Nussschale mit der Öffnung nach unten auf den Filz legen und am Schalenrand entlang schneiden. Das stumpfe Ende der Decke etwas zurückschneiden, damit noch Platz für Kissen und Kind ist. Evtl. mit dem Finger etwas Malglitter auf Kissen und Decke auftragen.

3 Für das Kind auf die Holzperle mit Blei- und Buntstift das Gesicht malen. Beide Enden des 15 cm langen Chenilledrahtstückes von unten in den Holzkopf stecken, so dass die Enden oben als Haarbüschel sichtbar sind. Dabei die Drahtenden etwas tiefer hineinschieben und dann etwas zurückziehen, dadurch richten sich die Haare auf. Damit sich die Decke etwas nach oben wölbt, wenn das Kind in der Wiege liegt, den Chenilledrahtrumpf entsprechend zurechtbiegen und am Wiegenboden ankleben.

4 Abschließend die Decke auf den Schalenrand kleben.

Bastel-Tipp

Wenn Sie für das Gesicht einen schwarzen Filzstift verwenden wollen, müssen Sie die Holzperle vorher mit Acrylfarbe in Hautfarbe bemalen, da die Filzstiftfarbe auf dem rohen Holz zerfließt.

Duftende Anhänger

→ aus Bienenwachsplatten

MOTIVGRÖSSE
ca. 6 cm bis 8 cm

MATERIAL
- Bienenwabenwachsplatte
- Ausstechformen
- Lurexkordel in Gold (Konturen)
- Goldfaden (Aufhängung)
- Nähnadel
- Rocailles in Gold, ø 4 mm
- Kunststoffsterne in Gold, ø 1 cm
- Malglitter in Gold
- Konturenfarbe in Gold
- UHU Alleskleber Kraft

1 Mit den Ausstechformen die Motive aus der Bienenwachsplatte ausstechen.

2 Den Umriss mit der Lurexkordel umkleben. Mit dem Pinsel goldenen Malglitter auftragen. Mit der Konturenfarbe Punkte auftupfen.

3 Für die Aufhängung das Motiv etwa 5 mm vom Rand entfernt durchstechen und den Goldfaden durchziehen. Nach Belieben Rocailles und Goldsterne auffädeln.

Einkaufs-Tipp

Bienenwabenwachsplatten bekommen Sie beim Imker oder auf Weihnachtsmärkten sowie im gut sortierten Hobbyfachhandel.

Erdnuss-Nikoläuse

→ jeder ein Individuum

MOTIVHÖHE
ca. 3 cm bis 4 cm

MATERIAL
- Erdnüsse
- Watte
- Acrylfarbe in Hautfarbe und Rot
- Kronkorken o. Ä.
- feine Filzstifte in Schwarz und Rot (Gesicht)
- Nähgarn in Rot
- Bindedraht, ø 0,65 mm, 15 cm lang (zum Halten der Erdnuss beim Bemalen)
- Bohrer, ø 1 mm

1 Die Erdnuss am spitzen Ende so mit dem Akkubohrer durchbohren, dass die Mützenspitze nach vorne weist. Den Draht durch die Bohrung stecken und so zurechtbiegen, dass die Nuss nicht wackelt.

2 Etwas Acrylfarbe in Rot und in Hautfarbe in je einen Kronkorken oder ein anderes kleines Gefäß geben und zuerst das Gesicht aufmalen. Die restliche Nuss rot anmalen.

3 Nach dem Trocknen Nase und Augen mit den Filzstiften auftupfen. Für den Bart etwas Watte abzupfen, evtl. noch mit der Schere zurechtschneiden und so aufkleben, dass die Nase noch sichtbar ist.

4 Abschließend den Aufhängefaden durch die Löcher ziehen.

Bastel-Tipp

Wer nicht bohren will, kann den Aufhängefaden auch einfach auf der Rückseite des Nikolauses ankleben.

Adventskranz

→ Tannengrün mit roten Kerzen

MOTIVDURCHMESSER
ca. 25 cm

MATERIAL
- Thuja- und Wacholdergrün
- 4 Kerzen in Rot, ø 6 cm, 9 cm hoch
- 7 Lärchenzapfen
- 7 Walnussschalenhälften
- 2 Birkenrindensterne, ø 9 cm
- 6 Birkenrindensterne, ø 6 cm
- 12 Filzsterne in Rot, ø 3 cm
- Satinband in Rot mit Goldrand, 1,6 cm breit, 8 x 70 cm lang
- Goldpuder
- Steck- und Wickeldraht
- Rebschere

1 Das Grün in kleine Zweige, ca. 12 cm bis 18 cm lang, schneiden.

2 Aus den dickeren Teilen mithilfe des Wickeldrahtes einen Ring mit einem Durchmesser von ca. 25 cm binden. Die kleinen Zweige mit dem Wickeldraht zu schmalen Büscheln zusammenbinden, auf dem Ring nach und nach in kleinen Gruppen anordnen und rund um den Ring binden. Das Drahtende in den Kranz zurückstecken.

3 Die Kerzen mit Steckdraht versehen und in den Kranz einstecken. Die Drahtenden ebenfalls in den Ring zurückstecken.

4 Aus je zwei Bändern eine Schleife binden, am Steckdraht befestigen und neben den Kerzen in den Kranz stecken.

5 Die Sterne, Zäpfchen und Nussschalen mit Heißkleber auf dem Kranz fixieren. Nach Belieben etwas Goldpuder mit einem Pinsel über Zäpfchen und Nüsse tupfen.

Bastel-Tipp

Sie können das Grün auch über einen fertig gekauften Strohkranz, einen so genannten Römer binden.

Rotes Gesteck

→ duftend mit Zimt

MOTIVDURCHMESSER
ca. 28 cm

MATERIAL
- Weihnachtsteller in Rot-Gold, ø 28 cm
- Thuja- und Wacholdergrün
- Stumpenkerze in Rot, ø 6 cm, 13 cm hoch
- 6 Lärchenzapfen
- Fichtenzapfen
- getrocknete Orangenscheiben
- 2 Zimtstangen
- 7 Filzsterne in Rot, ø 3 cm
- 2 Filzsterne in Rot, ø 9 cm
- 2 Deko-Äpfel, ø 5 cm
- Dekoband in Rot mit Goldrand und Sternen, 2,5 cm breit, 4 x 60 cm lang
- Büschel Mühlenbeckia
- Goldpuder
- Steckschaum, 6 cm x 10 cm x 10 cm
- Rebschere
- Steckdraht

1 Den Steckschaumwürfel mit Heißkleber am Tellerrand befestigen.

2 Die Zweige mit der Rebschere zuschneiden und flach in den Würfel einstecken, bis kein Steckschaum mehr sichtbar ist. Die Kerze im Vordergrund platzieren und ebenfalls mit der Klebepistole fixieren.

3 Aus den vier Bändern zwei Schleifen binden, andrahten und wie abgebildet einander gegenüberliegend in den Steckschaum stecken.

4 Vor der Kerze das Mühlenbeckiabüschel und den Zapfen so befestigen, dass der Teller noch zu sehen ist. Die restliche Dekoration ebenfalls mit der Klebepistole anbringen.

5 Abschließend die Dekoteile noch sparsam mit Goldpuder bestäuben.

Variations-Tipp

Mit getrockneten Zitronenscheiben, Anis, Nelken oder auch echten Äpfelchen dekoriert verströmt das Gesteck einen wunderbar weihnachtlichen Duft.

Gesteck in Gold-Natur

→ verbrämter Naturlook

MOTIVDURCHMESSER
ca. 27 cm

MATERIAL
- Weihnachtsteller in Rot, ø 28 cm
- Thuja- und Wacholdergrün
- Stumpenkerze in Gold, ø 6 cm, 17 cm hoch
- Zimtstangen, mit Golddraht umwickelt
- 6 Lärchenzapfen
- Sterne und Mond in verschiedenen Größen aus Ton
- Tonherz in Gold
- Weihnachtsband in Gold, 2,5 cm breit, 80 cm lang
- Steckschaumwürfel, 6 cm x 10 cm x 10 cm
- Steckdraht
- Rebschere

1 Den Steckschaumwürfel mit der Klebepistole auf den hinteren Teil des Tellers kleben.

2 Die Grünzweige mit der Rebschere zuschneiden und, der Tellerform angepasst, flach in den Steckschaumwürfel stecken.

3 Die Kerze in der Mitte der noch freien Tellerfläche ebenfalls mit der Klebepistole fixieren.

4 Aus dem goldfarbenen Band eine üppige Schleife binden, am Steckdraht befestigen und zwischen dem Grün einstecken.

5 Zäpfchen, Tonanhänger und Zimt mit Heißkleber aufkleben. Vor die Kerze das goldfarbene Herz legen.

Variations-Tipp

Toll sieht dieses Adventsgesteck auch aus, wenn Sie es mit den duftenden Anhängern aus Bienenwachsplatten von Seite 51 schmücken.

Großer Strohstern

→ schön am Fenster

MOTIVDURCHMESSER
ca. 38 cm

MATERIAL

- 4 eingeweichte, dünne Strohhalme, 6 cm lang
- 8 eingeweichte, mittlere Strohhalme, 19 cm lang
- je 16 eingeweichte, mittlere Strohhalme, 10,5 cm, 11 cm, 12,5 cm, 13,5 cm und 15,5 cm lang
- Mittelstern: 4 eingeweichte, dicke Strohhalme, 6,5 cm lang
- 8 Rauchweizenähren
- Innenstern: 4 gebügelte, mittlere Strohhalme, 5,5 cm lang
- Nähgarn in Beige
- Häkelgarn in Gold

1 Einen Stern aus den kurzen, 6 cm langen Strohhalmen binden. Dabei den Faden sehr straff anziehen.

2 Aus je elf eingeweichten Strohhalmen sehr straff einen Fächer binden: Dazu einen 19 cm langen Halm in die Mitte nehmen und beidseitig daneben je einen 15,5 cm, 13,5 cm, 12,5 cm, 11 cm und 10,5 cm langen Halm anordnen. So insgesamt acht Fächer binden.

3 Die Halme des kleinen Sterns mit Klebstoff bestreichen und die Fächer aufstecken, indem der mittlere, 19 cm lange Halm auf einen Strahl des kleinen Sterns aufgesteckt und bis zur Bindestelle des kleinen Sterns geschoben wird. So alle acht Fächer anbringen.

4 Jeweils zwei gleich lange Halme der einzelnen Bündel überkreuzen und fest zusammenbinden.

5 Für den Mittelstern aus den vier eingeweichten, 6,5 cm langen Halmen einen Stern und diesen auf den Fächerstern binden.

6 Sobald die Halme trocken sind, in jede Sternspitze eine Rauchweizenähre kleben.

7 Für den Innenstern aus den gebügelten, 5,5 cm langen Halmen einen Stern binden, die Halmenden wie abgebildet zuschneiden und mit Alleskleber auf die Sternmitte kleben.

8 Nachträglich die Bindestellen mit dem goldenen Häkelgarn abbinden.

Strohsterne

→ der Weihnachtsklassiker schlechthin

MOTIVDURCHMESSER
ca. 21 cm

MATERIAL STERN LINKS

- mittlere Legeform mit 12 Spitzen, ø 4 cm
- 16 Strohhalme, ca. 2 mm bis 3 mm breit, 21 cm lang, mit dem Strohspalter gespalten
- 8 gebügelte, gebräunte Strohhalme, 4 mm breit, 17 cm lang
- Motivlocher: Stern
- 2 gebügelte, breite Strohhalme in Braun, ca. 1 cm breit
- Goldfaden

MATERIAL STERN RECHTS

- Innenstern: 4 eingeweichte mittlere Halme, 21 cm lang
- Spitzen: 16 eingeweichte mittlere Halme, 21 cm lang
- 24 eingeweichte mittlere Halme, 8 cm lang
- Aufgeklebter Innenstern: 4 gebügelte Halme, 4 mm breit und 5 cm lang
- 2 gebügelte braune Halme, 1 cm breit und 21 cm lang
- Faden in Beige
- Goldfaden
- Motivlocher: Stern
- 2 gebügelte, breite Strohhalme in Braun, ca. 1 cm breit

Stern links

1 Aus den gebräunten Halmen frei einen Stern binden (siehe Anleitung Seite 5). Das Garnende auf die Sternrückseite führen.

2 In die Legeform die restlichen Streifen einlegen (siehe Anleitung Seite 5), dabei immer fünf Spitzen (= vier Lücken) frei lassen.

3 Den gebräunten Stern auflegen. Jeweils einen gebräunten Halm in die Mitte und daneben je einen hellen Halm anlegen und an den Spitzen überkreuzen. Mit dem Gummiring oder Einsatz fixieren. Die Halmspitzen mit Goldfaden auf der Sternrückseite zusammenbinden.

4 Die hellen Halme wie abgebildet schräg zuschneiden. Die braunen Halme auf der Rückseite so zurückschneiden, dass sie von vorne nicht mehr sichtbar sind.

5 Mit dem Motivlocher aus dem braunen Stroh Sterne ausstanzen und wie abgebildet aufkleben.

Stern rechts

1 Für den Innenstern aus vier 21 cm langen Halmen einen Stern frei binden, siehe Anleitung Seite 5.

2 An jedes Halmende beidseitig jeweils zwei in der Mitte geknickte, 21 cm lange Halme anlegen und straff festbinden. Auf die Bindestelle später einen aus dem braunen Stroh gestanzten Stern kleben.

3 Von zwei Sternspitzen jeweils den äußeren Halm zur Mitte des Zwischenraums legen und drei kurze Halme in die Mitte nehmen, zwischen Daumen und Zeigefinger fest zusammenpressen und straff binden.

4 Alle Halmenden wie abgebildet schräg abschneiden.

5 Den aufgeklebten Innenstern aus den vier gebügelten, 5 cm langen und 4 mm breiten Halmen binden und spitz zuschneiden, auf den großen Stern aufkleben und mit einem kleinen ausgestanzten Stern verzieren. Alle noch sichtbaren Bindestellen mit Goldfaden nochmals abbinden.

Filigrane Sterne

→ mit Spitzen und Bögen

MOTIVDURCHMESSER
ca. 17,5 cm und 18,5 cm

MATERIAL OBERER STERN
- 4 eingeweichte, dicke Strohhalme, 6,5 cm lang
- 4 eingeweichte, dünne Strohhalme, 7 cm lang
- je 8 dünne Strohstreifen aus gebügeltem Stroh, 7 cm, 9 cm und 12 cm lang
- 4 x 4 dünne, gebügelte Strohstreifen, je ca. 3 cm lang
- Faden oder feines Perlgarn in Rot

MATERIAL UNTERER STERN
- 6 eingeweichte, dicke und dünne Strohhalme, 8 cm lang
- je 12 Streifen aus gebügeltem Stroh, 11 cm und 13 cm lang
- 2 Streifen aus breitem gebügeltem Stroh
- Faden oder feines Perlgarn in Rot
- Motivlocher: Stern

Oberer Stern

1 Jeweils aus den vier gleichen eingeweichten Strohhalmen einen Stern frei binden, siehe Seite 5. Beide Sterne versetzt aufeinander legen und verweben. Die dünnen Halme wie auf dem Foto zu sehen spitz zuschneiden. Die Strohstreifen in der Mitte knicken.

2 Nach dem Trocknen des Sterns wie abgebildet nacheinander die kurzen Strohstreifen, dann die mittleren und außen die langen in die dicken Halme kleben. Die Ministerne werden jeweils aus vier gebügelten Strohstreifen gebunden und spitz zugeschnitten. Beim Schneiden die Halmspitzen noch etwas kürzen. Auf jeden zweiten Halm gemäß Abbildung einen Ministern aufkleben.

Unterer Stern

1 Aus den dicken und dünnen Halmen je einen Stern frei binden, siehe Seite 5. Beide Sterne versetzt aufeinander legen und miteinander verweben. Die dünnen Halmenden spitz zuschneiden. Die 13 cm langen Strohstreifen in der Mitte knicken und gemäß Abbildung in die Mitte der dicken Halmenden kleben. Die 11 cm langen Streifen einmal über die Schere ziehen, damit die Streifen eine leichte Rundung erhalten, und ebenfalls gemäß Abbildung versetzt vor die Spitzen in die Halmenden kleben.

2 Mit dem Sternlocher kleine Ministerne aus den breiten Strohstreifen stanzen und wie abgebildet mit Alleskleber aufkleben.

DEKORATIVES AUS FILZ UND MEHR

Filz, Ausstecherformen und Geschenkbänder sind Materialien, die man zur Weihnachtszeit häufiger antrifft. Daraus können Sie hübsche Motive basteln.

Weihnachtssternblüten

→ Streuteile oder Anhänger

1 Von einem Blütenblatt eine Kartonschablone anfertigen. Den Umriss siebenmal mit Filzstift auf den Filz übertragen und ausschneiden.

2 Jedes Blütenblatt an der Basis, d. h., am breiten Ende mittig zusammendrücken und mit Nadel und Faden durchstechen. Eine Holzperle auffädeln, das nächste Blütenblatt durchstechen, die nächste Perle auffädeln etc.

3 Anfang und Ende des Fadens miteinander verknoten. Sollen die Blüten aufgehängt werden, den Faden länger lassen und als Aufhänger am Ende verknoten.

MOTIVDURCHMESSER
ca. 11 cm

MATERIAL FÜR VIER BLÜTEN

- Bastelfilz in Rot, Grün oder Dunkelgrün, A4
- 4 x 7 Holzperlen in Gelb, ø 8 mm
- Nähgarn in Rot oder Grün
- Nähnadel

VORLAGE SEITE 84

Variations-Tipp

Weihnachtssternblüten gibt es auch noch in Creme und Weiß.

Flechtherzen

→ Täschchen zum Aufhängen

MOTIVHÖHE
ca. 17 cm

MATERIAL PRO HERZ
- Bastelfilz in zwei Farben, pro Farbe 20 cm x 6 cm sowie 20 cm x 1,5 cm (Bügel)

VORLAGE SEITE 96

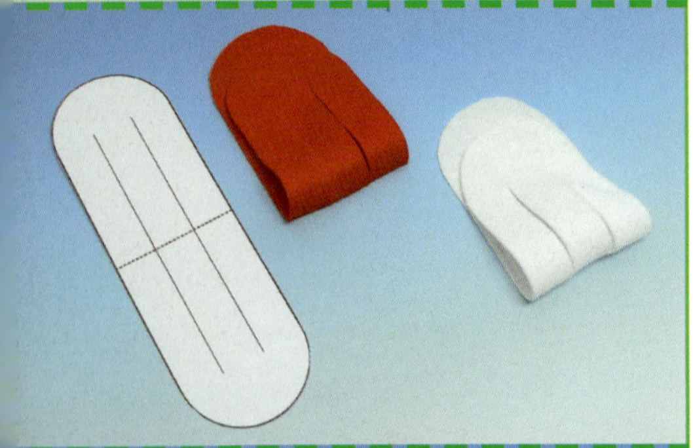

1 Von der Vorlage eine Kartonschablone anfertigen.

2 Auf ein Filzrechteck, 20 cm x 6 cm, die Schablone auflegen und die Rundungen (Halbkreise) an beiden Enden abschneiden. Das Filzteil in der Mitte falten und die halbe Schablone (bis zur gestrichelten Linie) auflegen. Das Filzteil von der gestrichelten Faltlinie aus zweimal bzw. fünfmal ca. 6,6 cm tief einschneiden. Die Einschnitte (6,6 cm) müssen etwas tiefer sein als das Filzteil (6 cm) breit ist, damit für das Verweben genügend Platz ist.

3 Mit einem zweiten Filzteil in einer anderen Farbe ebenso verfahren.

4 Beide Filzteile rechtwinklig nebeneinander legen und jeweils die drei Filzstreifen, die durch die Einschnitte entstanden sind, miteinander verweben.

5 Das Täschchen oben öffnen und mit Alleskleber den Bügel einkleben.

Bastel-Tipp

Die Flechtherzen sind einfacher aus Foto- oder Bastelkarton herzustellen.

Duftend gefüllte Ausstechformen

→ dufte Geschenkidee

MOTIVDURCHMESSER
ca. 6 cm und 7 cm

MATERIAL
- Ausstechformen
- Bienenwabenwachsplatte
- Sternanis
- Zimtstangen
- Gewürznelken
- Erlenzäpfchen
- Erdnüsse
- Haselnüsse
- Goldperlen und -sternchen
- Malglitter in Gold
- Konturenfarbe in Gold
- Bouillondraht in Gold
- Seitenschneider

1 Beim Ausstechen die Wachsplatte in der Ausstechform lassen und nur ringsum die Wachsreste entfernen.

2 Nun die Ausstechform, die jetzt einen duftenden Boden hat, mit den Gewürzen, Nüssen, Zäpfchen, Goldperlen und Sternchen füllen. Damit sie nicht verrutschen, können sie mit Alleskleber aneinander geklebt werden.

3 Mit Malglitter ein paar Akzente beispielsweise auf den Nüssen und Zäpfchen setzten. Mit Konturenfarbe können noch Goldpunkte oder Linien angebracht werden.

4 Abschließend die Ausstechform mit Bouillondraht umwickeln. Der Draht sieht nicht nur schön aus, sondern verhindert auch, dass später evtl. der Wachsboden herausfällt.

Fröhliche Korkenengel

→ mit Federflügeln

MOTIVHÖHE
ca. 4,5 cm

MATERIAL PRO ENGEL

- Weinflaschenkorken
- Rohholzperle, ø 2 cm
- 2 Rohholzperlen, ø 1 cm
- Rundholzstäbchen, ø 3 mm, 2,5 cm lang (Hals)
- 2 Flauschfedern in Weiß
- Engelslocken in Weiß
- Alukartonrest in Gold (Sternkragen)
- Lurexkordel in Gold, ø 2 mm, 12 cm lang
- Acrylfarbe in Gold und Hautfarbe
- Filzstift in Rot
- Lochzange

VORLAGE SEITE 87

1 Den Holzkopf hautfarben bemalen und gut trocknen lassen. Dann das Gesicht aufzeichnen. Anschließend die Engelslocken aufkleben.

2 Den Korken goldfarben bemalen.

3 Für den Hals mit der Vorstechnadel ein Loch in den Korken eindrücken und dann das Holzstäbchen einstecken. Als Arme am Holzstäbchen die Lurexkordel mittig anknoten und an den Enden als Hände die beiden kleinen Holzperlen anknoten.

4 Den Sternkragen mit der Lochzange in der Mitte lochen und auf das Holzstäbchen stecken. Den Kopf aufstecken und aufkleben.

5 Abschließend am Rücken die beiden Federn als Flügel befestigen.

Goldene Engel

→ aus Bändern

MOTIVHÖHE
ca. 9 cm

MATERIAL PRO ENGEL
- Organzaband in Gold, 5 cm breit, 2 x 20 cm lang
- Goldband, 1,5 cm breit, 16 cm lang
- Lurexkordel, ø 2 mm, 40 cm und 1,20 m lang
- Golddraht, ø 0,3 mm, 10 cm lang
- Rohholzperle, ø 2 cm
- Acrylfarbe in Hautfarbe
- Buntstift in Rot
- Seitenschneider (Draht abschneiden)

1 Für das Kleid die beiden Organzabänder aufeinander legen, in der Mitte mit der 40 cm langen Kordel zusammenbinden und umschlagen. Für die Flügel das Goldband zu einem Ring formen, so dass sich die Enden 2 cm überlappen, dann in der Mitte zusammendrücken, mit dem Draht zusammenfassen und die Drahtenden verdrehen.

2 Die Drahtenden dicht über dem Organzaband um die Kordeln legen, erneut miteinander verdrehen und kürzen. Die Holzperle hautfarben bemalen, trocknen lassen, dann das Gesicht mit Bleistift oder Filzstift aufzeichnen. Die Holzperle auf die Kordelenden auffädeln. Die lange Kordel (1,20 m) etwa elfmal um drei Finger wickeln. Dieses Büschel zwischen die beiden Kordelenden am Engelkopf legen und dann die beiden Kordelenden direkt auf dem Büschel dreimal fest verknoten.

3 Nun mit der Schere die Schlingen des Büschels als Haare aufschneiden. Die überstehende Kordel verknoten; sie dient als Aufhänger.

Servietten-Weihnachtsmänner

→ originelle Tischdeko

MOTIVHÖHE
ca. 23 cm

MATERIAL PRO WEIHNACHTSMANN

- Papierserviette in Rot, 16 cm x 16 cm
- Fotokartonreste in Weiß und Hautfarbe bzw. Rosa
- Bastelfilzrest in Weiß
- Holzperle in Hautfarbe bzw. Rosa, ø 8 mm
- UHU Alleskleber Extra Kraft Stic (Filz aufkleben)
- Messer oder Cutter
- Schneideunterlage
- Hammer

VORLAGE SEITE 87

1 Für die Nase die Holzperle in der Mitte spalten. Dazu die Holzperle auf eine Schneideunterlage legen, so dass die Bohrung oben ist. Auf die Bohrung die Cutterklinge oder eine Messerklinge halten und mit einem leichten Hammerschlag die Perle in der Mitte spalten.

2 Von den beiden Bartteilen (durchgezogene Linien) und von der Gesichtsform (gepunktete Linie) jeweils eine Kartonschablone anfertigen. Aus dem großen Bartteil mit dem Cutter die Innenfläche herausschneiden.

3 Die Konturen der beiden Bartteile auf den weißen Karton übertragen und grob ausschneiden, dann wenden und mit dem Klebestic den Bastelfilz aufkleben. Die Bartteile exakt mit Schere und Cutter ausschneiden.

4 Die ausgeschnittene Gesichtsform von hinten am Gesichtsausschnitt des großen Bartteils ankleben. Den Schnurrbart nur in der Mitte am großen Bartteil ankleben. Jetzt eine Holzperlenhälfte als Nase ankleben und die Augen mit Filzstift auftupfen.

5 Von der quadratischen Serviette die linke und die rechte Ecke zur Mitte falten, so dass eine Drachenform entsteht.

6 Die Drachenform wenden. Das zusammengeklebte Kopf-Bartteil auf die Serviette legen, die beiden seitlich abstehenden Zipfel nach hinten um die Serviettenspitze falten und aufeinander kleben. Das Kopf-Bartteil lässt sich jederzeit von der Serviette abstreifen und auf die nächste Serviette aufstecken.

Klammer-Wichtel

→ halten überall

MOTIVHÖHE
ca. 8 cm

MATERIAL PRO WICHTEL

- Holzwäscheklammer, 7 cm lang
- Filzreste in Rot und Weiß
- Konturenfarbe in Rot (Nase) und Schwarz (Augen)
- Nähgarn in Rot

VORLAGE SEITE 83

1 Vom Bart und der Mütze (4 cm x 3,5 cm) jeweils eine Kartonschablone anfertigen.

2 Die Konturen mit Filzstift auf Filz übertragen und die Teile ausschneiden.

3 Die Mütze probeweise um einen Klammergriff wickeln und dann das Bartteil auflegen. Ist die richtige Position für den Bart gefunden, die Mütze abnehmen und das Bartteil ankleben.

4 Das Mützenteil von hinten am Klammergriff ankleben, nach vorne über den oberen Bartansatz und wieder nach hinten legen und erneut ankleben. Die Mütze oben mit dem Faden abbinden.

5 Nun zuerst die Nase und dann die Augen mit der Konturenfarbe auftupfen.

Anwendungs-Tipp

Mit den Klammer-Wichteln können Sie einen Adventskalender gestalten, indem Sie unten an der Klammer einfach einen Stern mit einer Zahl aufkleben. Die Wichtel dann nebeneinander auf einer Pappleiste befestigen und unten kleine Päckchen oder Umschläge mit Gutscheinen oder lieben Worten anklammern.

Funkelnde Perlensterne

→ schön nostalgisch

MOTIVDURCHMESSER
ca. 4 cm bis 6,5 cm

MATERIAL KLEINER STERN
- Wachsperle in Weiß, ø 6 mm
- 12 Wachsoliven in Weiß, 8 mm x 4 mm
- 36 Perlen in Gold, ø 3 mm
- 12 Perlen in Gold, ø 2,5 mm
- Messingdraht, ø 0,3 mm

GROSSER STERN
- Wachsperle in Weiß, ø 1 cm
- 30 Perlen in Gold, ø 4 mm
- 12 Wachsoliven in Weiß, 8 mm x 4 mm
- 42 Wachsperlen in Weiß, ø 2,4 mm
- Messingdraht, ø 0,3 mm

GESTECKTER STERN
- Drahtsteckform, ø 5 cm
- 16 Wachsoliven in Weiß, 3 mm x 6 mm
- 8 Wachsperlen in Weiß, ø 4 mm
- 24 Perlen in Gold, ø 2,5 mm
- Wachsperle in Weiß, ø 2,5 mm

VORLAGE SEITE 95

Kleiner Stern

1 Den Draht durch die große Wachsperle ziehen. Sechs Perlen in Gold, ø 3 mm, auffädeln, den Draht durch die Mittelperle ziehen und weitere sechs Perlen, ø 3 mm, auffädeln. Die Drahtenden dann jeweils durch die erste Perle der anderen Sechsergruppe ziehen. Den Draht so anziehen, dass das kurze Ende ca. 5 cm lang ist.

2 Die Zacken wie folgt fädeln: eine kleine goldfarbene Perle, eine Wachsolive, vier große goldfarbene Perlen, den Draht durch die erste der vier Goldperlen zurückfädeln, eine Wachsolive und wieder eine kleine goldfarbene Perle. Nun den Draht durch eine Perle des Perlenkranzes fädeln und die restlichen Zacken genauso arbeiten. Den Draht mit dem Stern verdrehen und zur Fixierung über mehrere Perlen zurückfädeln.

Großer Stern

1 Den Draht durch die große Wachsperle ziehen und auf beide Enden sechs goldfarbene Perlen auffädeln. Die Drahtenden durch die jeweils erste Perle der Sechsergruppe des anderen Drahtes ziehen. Den Draht so anziehen, dass ein Ende ca. 5 cm lang ist.

2 Auf das lange Ende die Perlen für die erste Zacke wie folgt auffädeln: eine kleine weiße, eine goldfarbene Perle, eine Olive, eine goldfarbene, fünf kleine weiße Perlen und durch die goldfarbene Perle zurückfädeln. Dann eine Olive, eine goldfarbene und eine kleine weiße Perle aufziehen. Am Perlenring eine Perle überspringen und durch die nächste Perle fädeln. Die restlichen Zacken genauso fädeln. Das Drahtende über mehrere Perlen zurückfädeln.

Gesteckter Stern

1 Die Perlen wie folgt auf jeden Strahl aufziehen: eine Olive, eine goldfarbene, eine weiße, eine goldfarbene, eine Olive, eine goldfarbene Perle. Die letzte Perle mit Alleskleber aufkleben.

2 Abschließend in die Mitte die kleine weiße Perle kleben.

HINWEIS

Manche Vorlagen hier im Buch wurden verkleinert. Diese Vorlagen bitte einfach mit dem angegebenen Vergrößerungsfaktor im Kopiergeschäft kopieren und dann diese Kopien wie normale Vorlagen verwenden.

Güldene Igelsterne
SEITE 11

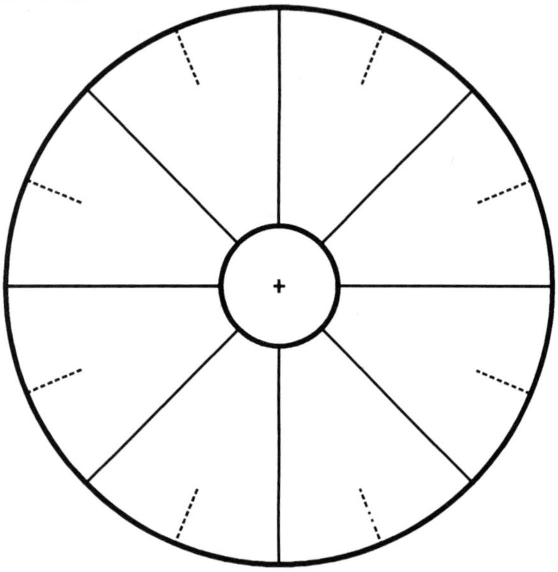

Edle Anhänger
SEITE 13

Genähte filigrane Anhänger
SEITE 15

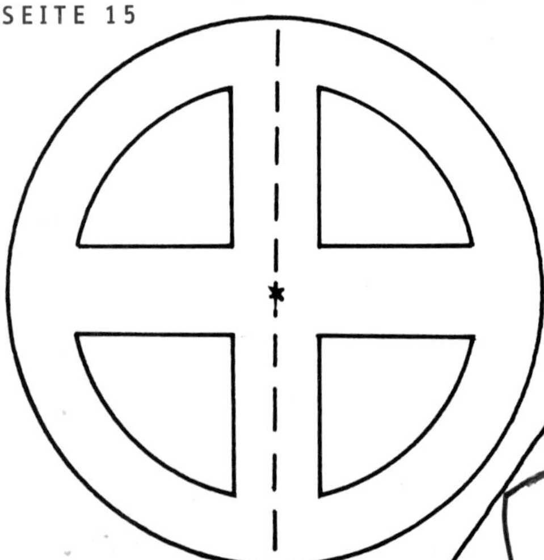

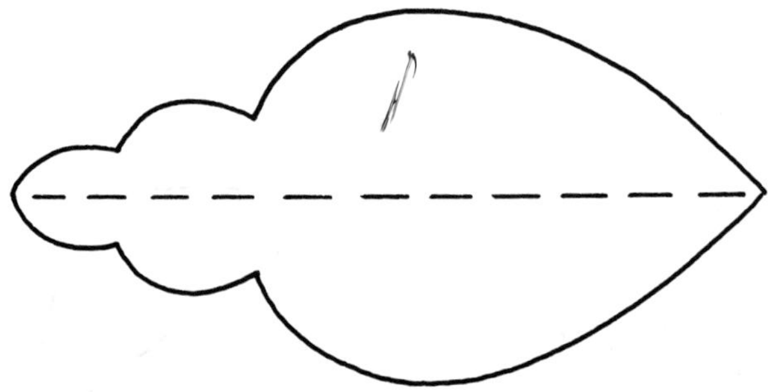

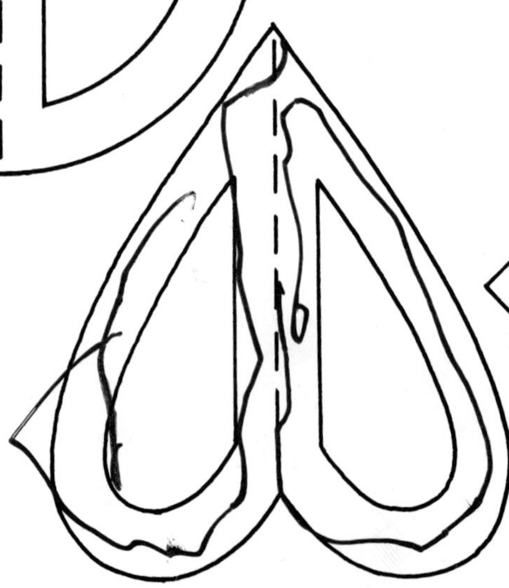

Bezaubernde Engel

SEITE 17

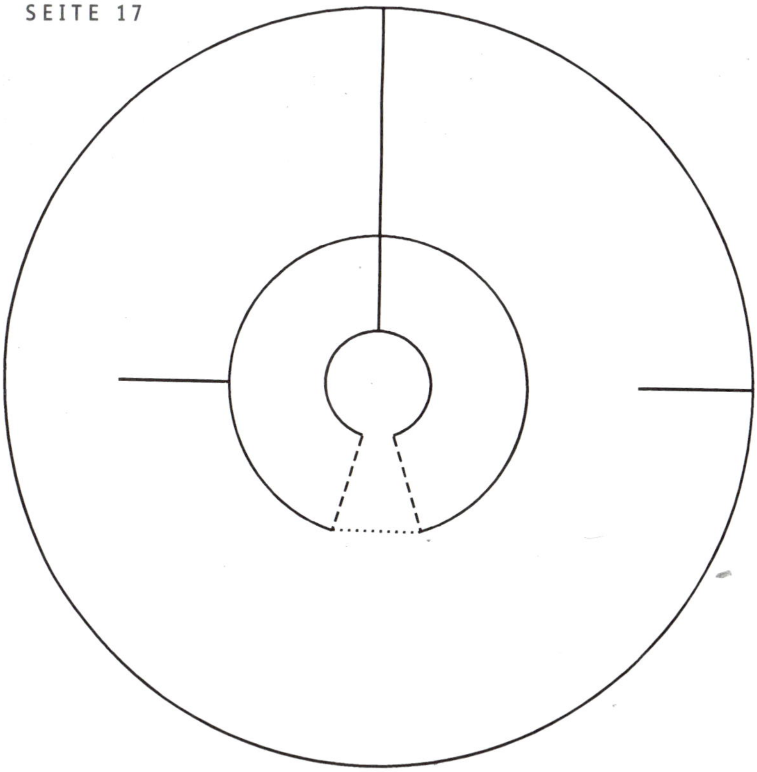

Engel- und Sterngirlanden

SEITE 19

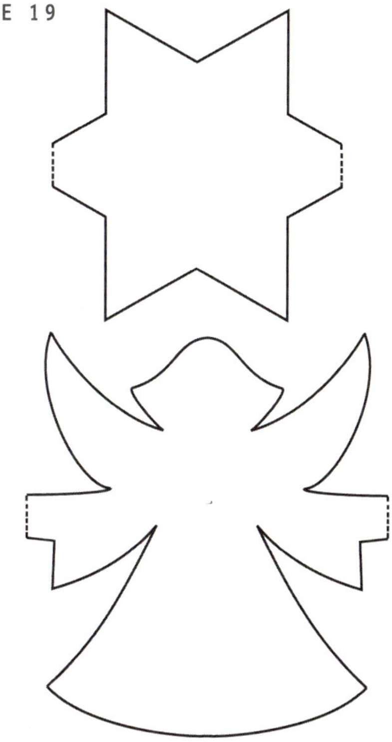

Fünfeck-Laternen

SEITE 39

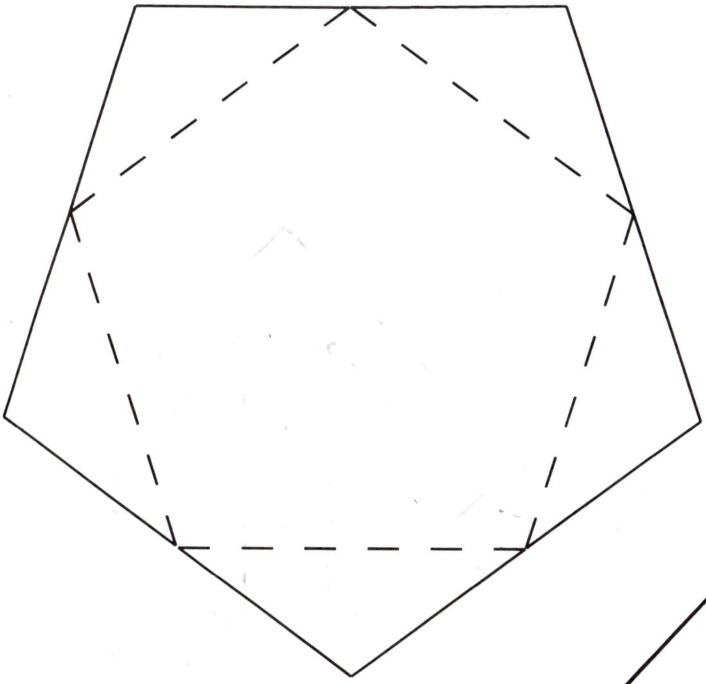

Klammer-Wichtel

SEITE 79

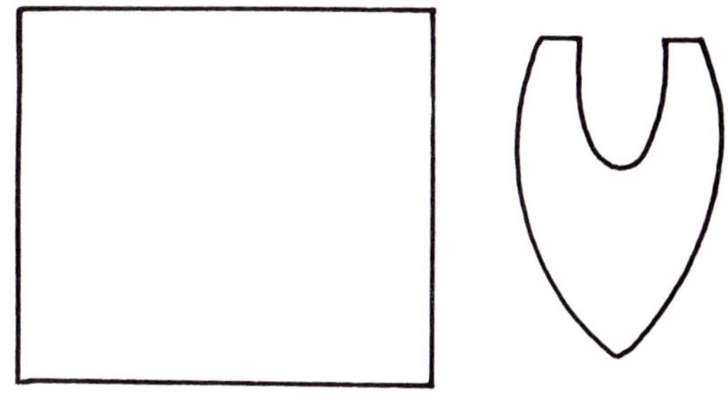

Zapfen-Nikolaus

SEITE 42

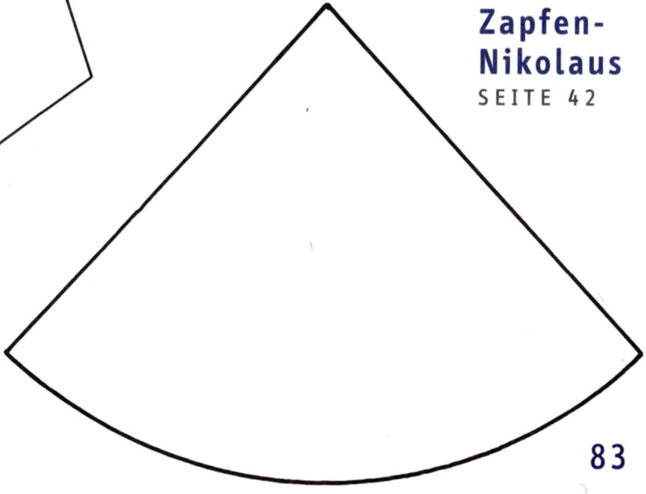

Rauschgoldengel
SEITE 21

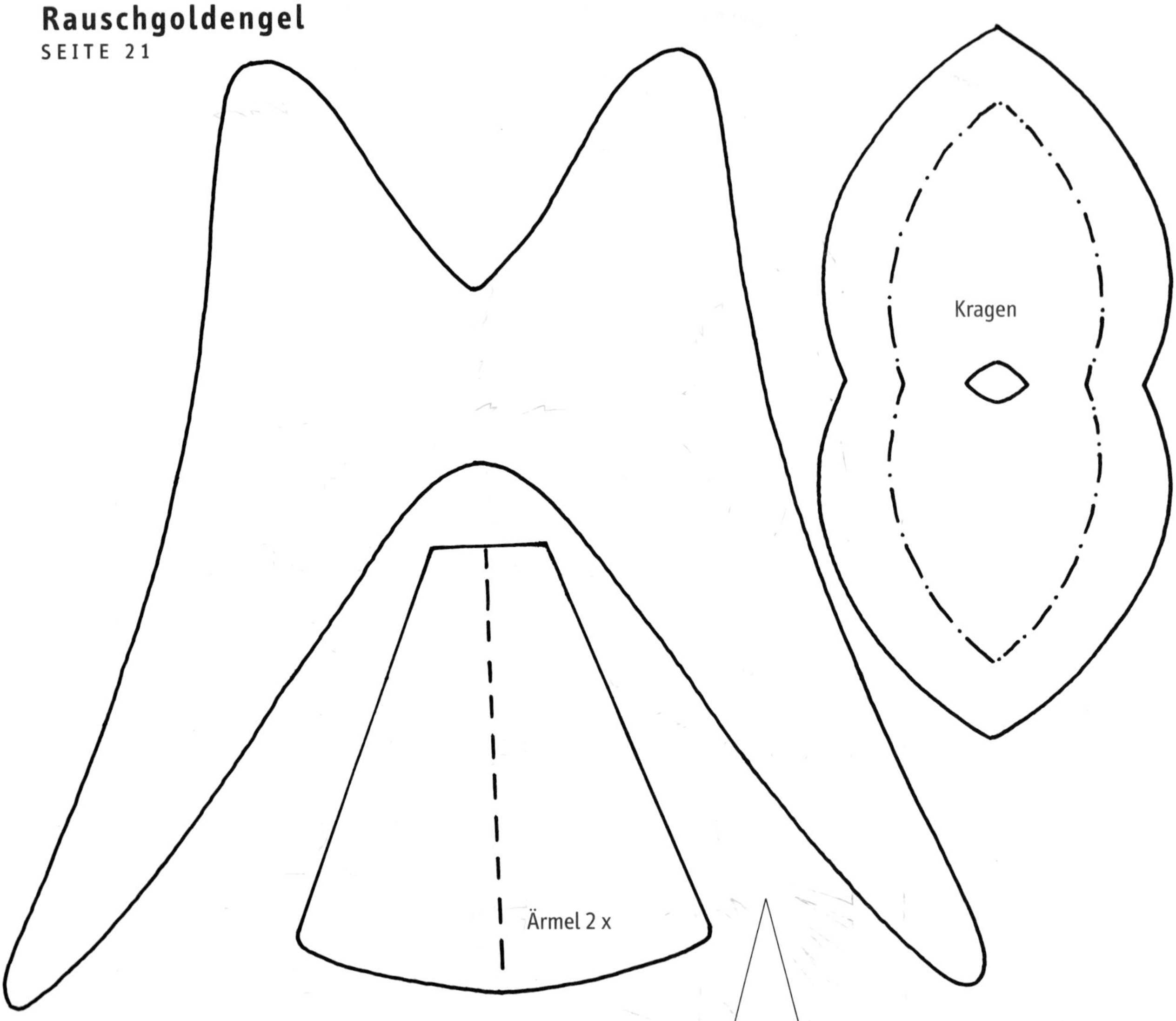

Weihnachssternblüten
SEITE 66

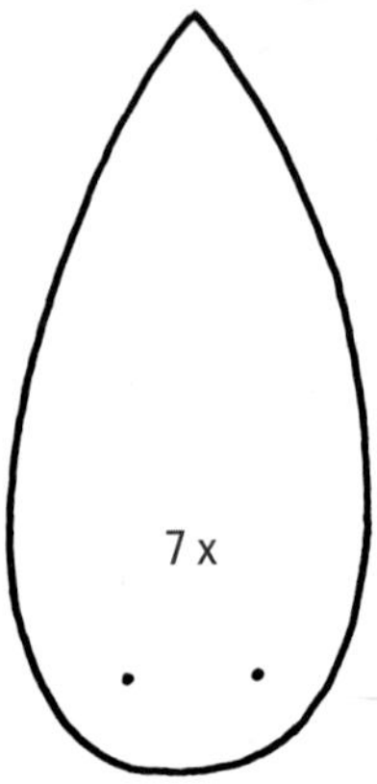

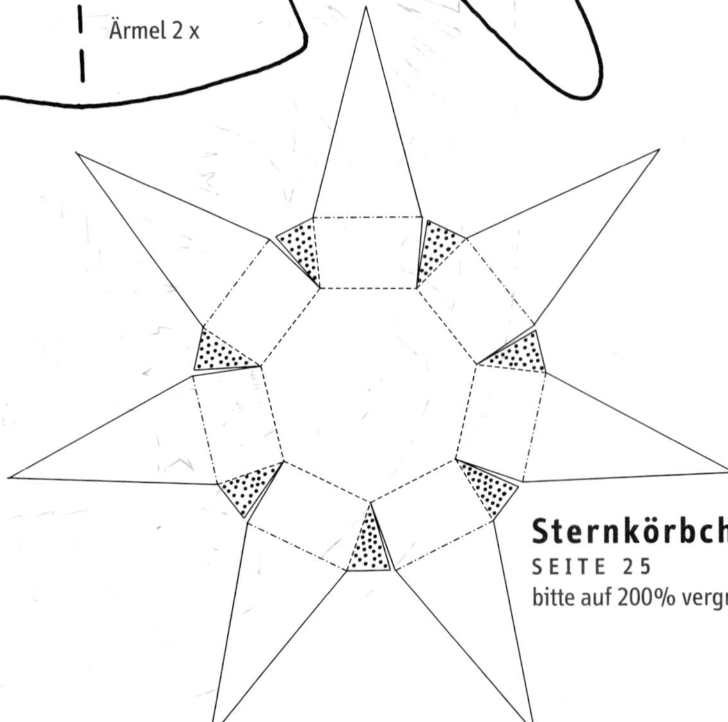

Sternkörbchen
SEITE 25
bitte auf 200% vergrößern

Krippenszene unter Palmen

SEITE 22

bitte auf 266% vergrößern

Trauliche Krippenszene

SEITE 29

bitte auf 200% vergrößern

Trauliche Krippenszene

SEITE 29

bitte auf 200% vergrößern

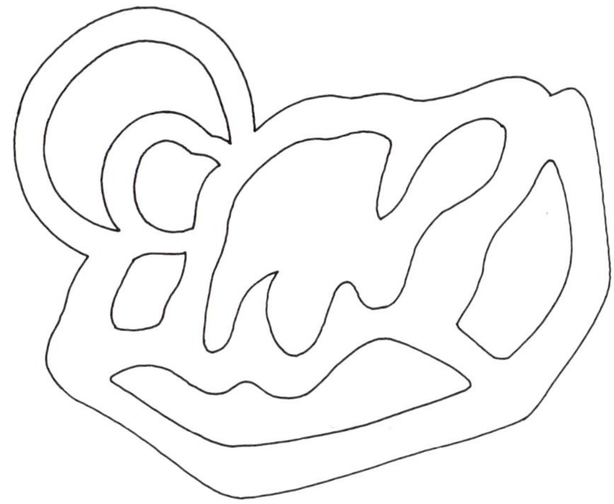

Servietten-Weihnachtsmänner

SEITE 77

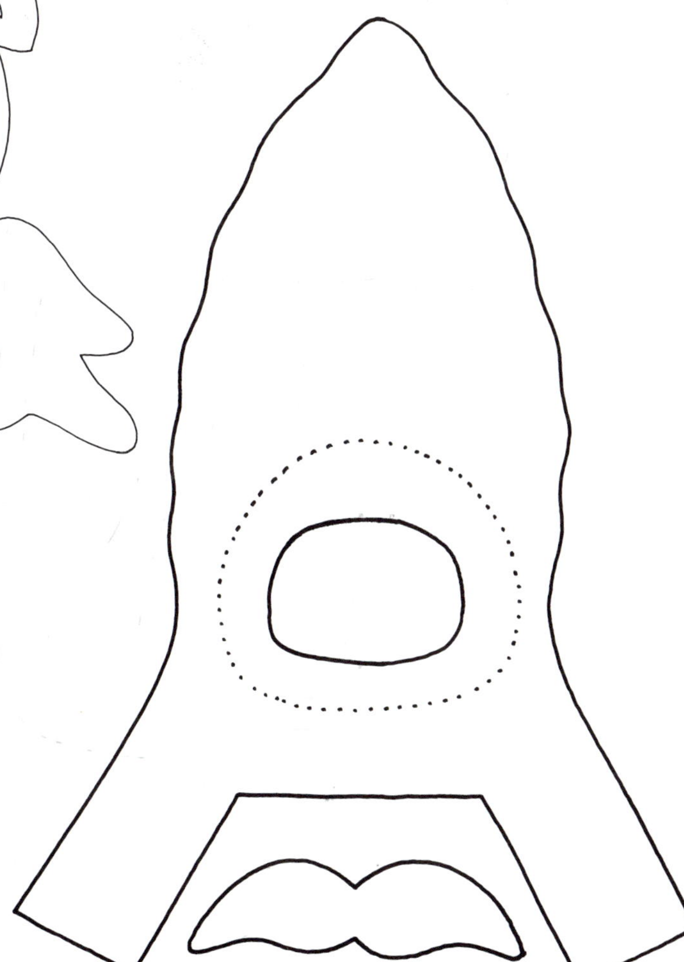

Fröhliche Korkenengel

SEITE 73

Fensterecke mit Stechpalmenzweig

SEITE 31

bitte auf 133% vergrößern

Fensterecke mit Kerze

SEITE 33

bitte auf 133% vergrößern

Karten mit Sternen und Tannen

SEITE 35

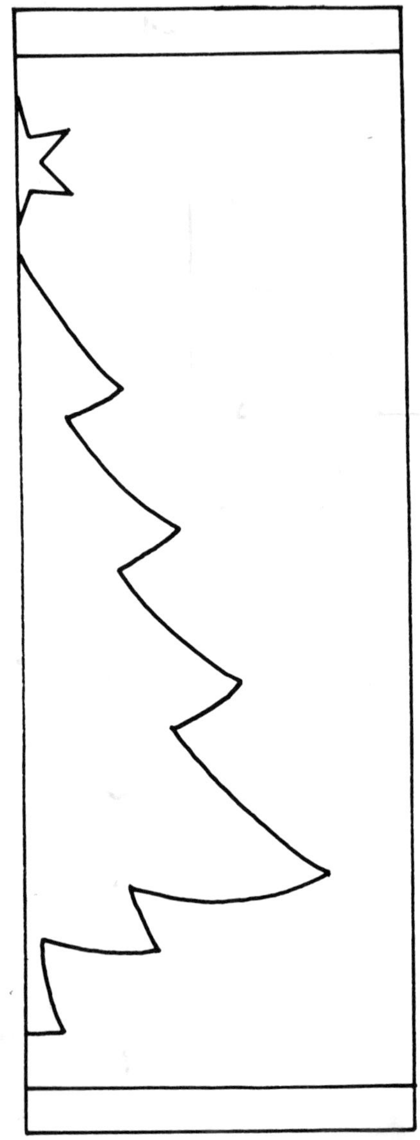

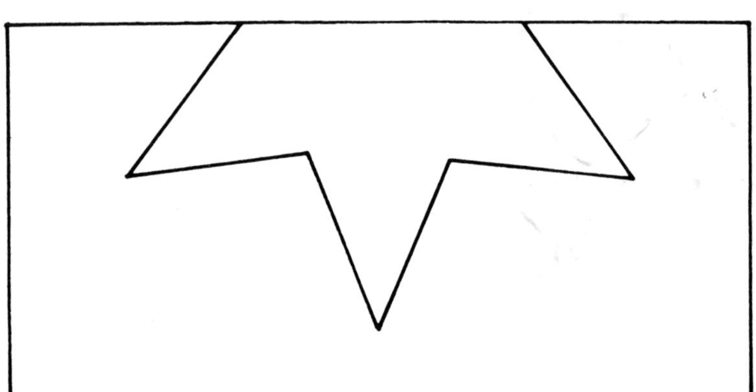

Tischlaterne und Karten

SEITE 37

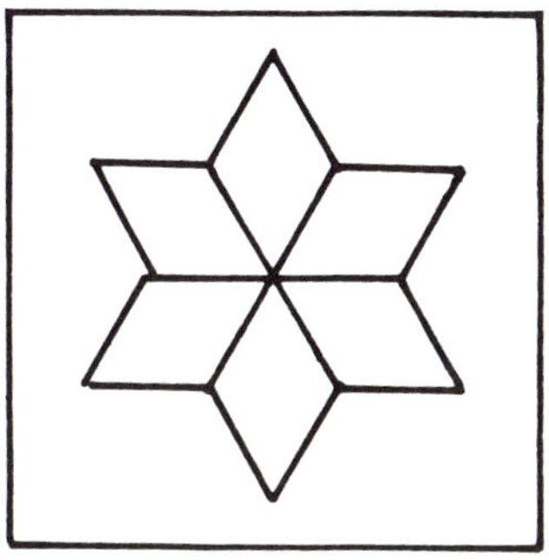

Zu Bethlehem

SEITE 45

bitte auf 200% vergrößern

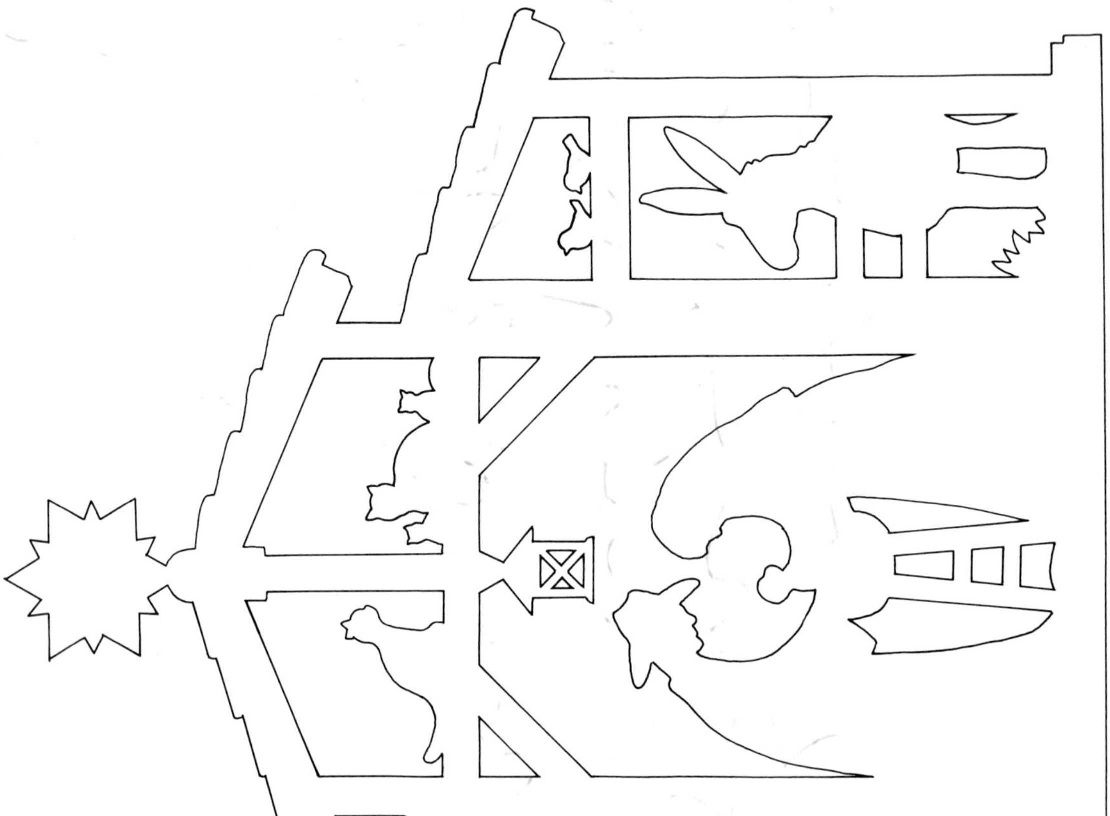

Schneekristall-Anhänger

SEITE 47

bitte auf 133% vergrößern

Lustige Faltbänder

SEITE 27

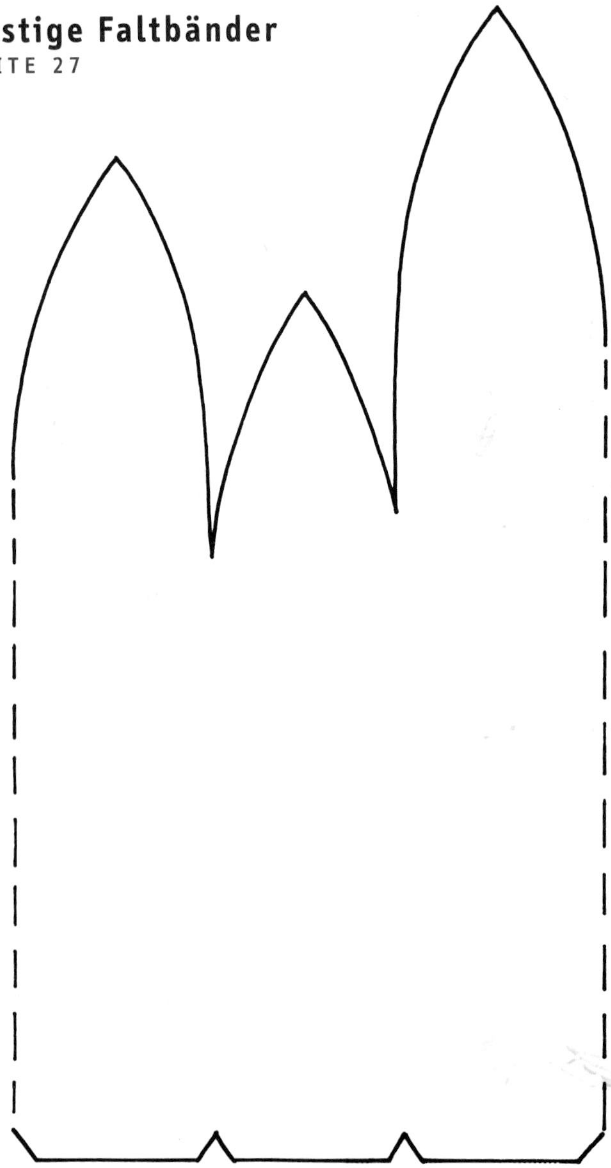

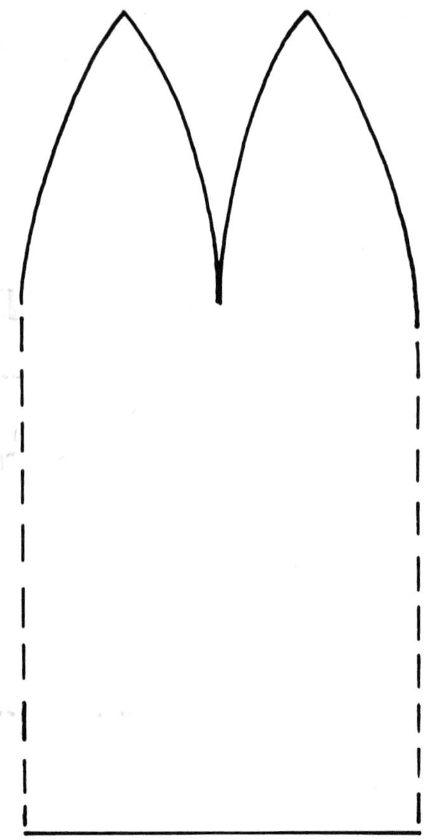

Funkelnde Perlensterne

SEITE 81

Großer Stern

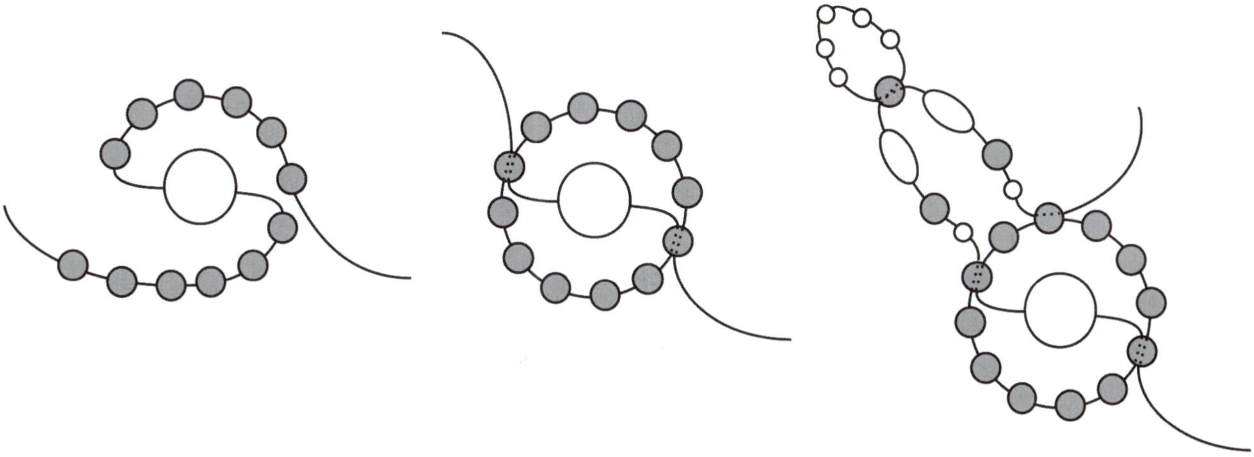

Kleiner Stern

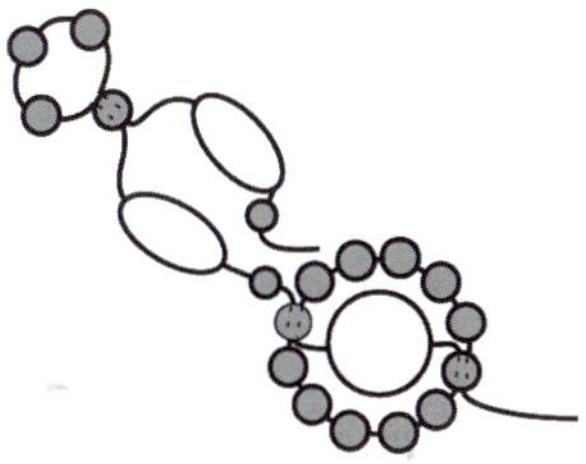

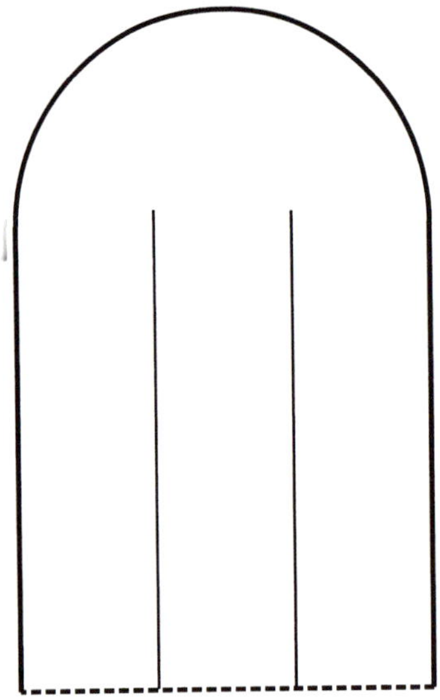

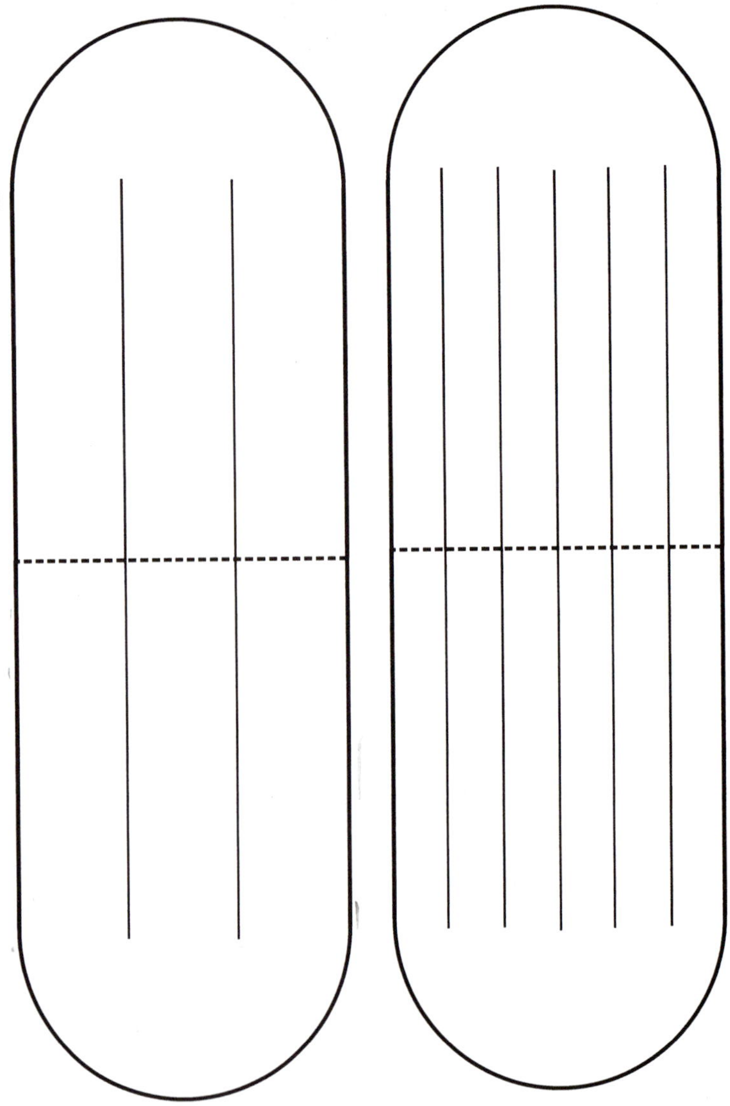

Flechtherzen

SEITE 69

bitte auf 133% vergrößern

HILFESTELLUNG ZU ALLEN FRAGEN, DIE MATERIALIEN UND BASTELBÜCHER BETREFFEN:
FRAU ERIKA NOLL BERÄT SIE. RUFEN SIE AN: 07150/302777*

*normale Telefongebühren

IMPRESSUM

MODELLE: Armin Täubner und Inge Walz

FOTOS: frechverlag GmbH, 70499 Stuttgart; Armin Täubner (Schrittfotos); DIGITALstock (S. 40/41); Fotostudio Ullrich & Co., Renningen (restliche Fotos)

LAYOUT: WS – WerbeService Linke, Karlsruhe

DRUCK UND BINDUNG: Finidr s.r.o., Cesky Tesin, Tschechische Republik

Auflage:	5.	4.	3.	2.	1.	
Jahr:	2011	2010	2009	2008	2007	[Letzte Zahlen maßgebend]

ISBN 978-3-7724-5275-8
Best.-Nr. 5275